KB137812

이야기
북유럽
역사

Original Japanese title: Monogatari Hokuo No Rekishi

Original Japanese edition published by Chuokoron-Shinsha, Inc.
Korean translation rights arranged with Chuokoron-Shinsha, Inc.
Through The English Agency (Japan) Ltd. and Eric Yang Agency, Inc.

이야기 북유럽 역사

전쟁, 권력, 종교, 사회

다케다 다쓰오 지음

조영렬 옮김

글항아리

에드바르드 이스토의 「공격」(1899)은 러시아의 쌍두 독수리가
핀란드 처녀를 공격해 법전을 강탈하는 모습을 묘사했다.

들어가며

한마디로 북유럽이라 했지만 다섯 개의 나라이고, 본래 각각의 나라에 대해 한 권 분량이 필요하다. 물론 덴마크와 스웨덴을 중심에 두고, 두 나라로부터 분리되었던 핀란드·노르웨이·아이슬란드가 둘러싸는 구성으로 짜 북유럽사를 개략적으로 설명하는 것은 가능하다. 북유럽 5개국의 역사가 서로 중복되고 공통분모도 적지 않으니 말이다. 그렇다고 해도 북유럽 각 나라의 역사를 200자 원고지 800매 전후로 정리하는 것은 다소 난폭한 처사라는 것도 잘 알고 있다.

예상했던 대로 그것은 꽤나 까다로운 일이었다. 그런 이유로 부득이하게 중점적으로 다룬 것 외에 다른 것들은 간략히 서술했다. 그래도 어쨌든 이 책을 통해 북유럽사라는 드마라의 줄거리와 큰 흐름은 이해할 수 있으리라 믿는다.

써넣고 싶은 것은 이것저것 아주 많았지만 무미건조한 연대나 사항, 숫자는 최소한으로 했고, 가능한 한 재미있게 읽을 수 있는 간단한 약사略史를 위해 주로 역사의 주역들을 염두에 두고 집필했다. 마음에 차지 않는 부분도 있지만, 일반적인 지적 교양의 일부로서 알아야 할 북유럽사는 이 책으로 거의 충분하지 않을까 생각한다. 다행히 이 책이 북유럽 통사를 알고 싶은 독자들의 바람에 응답할 수 있다면, 그보다 더 기쁜 일은 없겠다.

이 책은 주오코론사 히라바야시 다카시 부장 및 하야카와 유키히코 부장의 시사와 조언에 기초하여 쓴 것으로, 책을 세상에 선보일 기회를 주신 두 분에게 깊이 감사드린다.

또한 전체 편집에서 신세를 진 주오코론 신서 편집부 야마모토 게이코 씨에게도 깊이 감사드리고 싶다. 조사·확인하는 일을 일부 도와준 헤이든 스콕 씨(스웨덴), 옙센 부인(덴마크) 및 사진 제공 등으로 협력해주신 재일在日 북유럽 각국 대사관 관계자들께도 감사드린다.

저자

차례

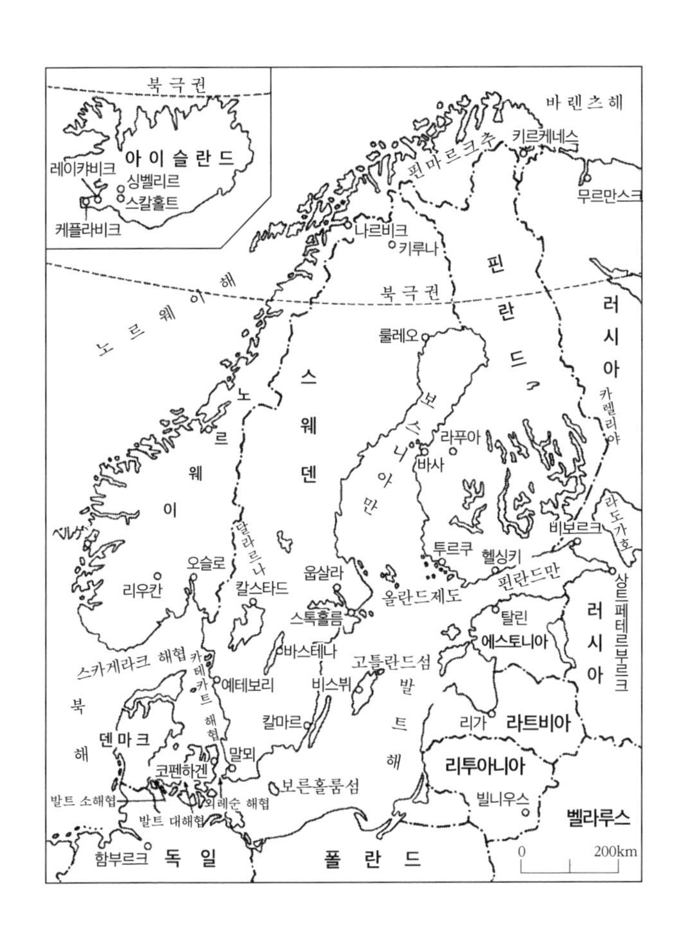
북극권
아이슬란드
레이캬비크
싱벨리르
스칼홀트
케플라비크
바렌츠해
키르케네스
핀마르크츠
무르만스크
나르비크
키루나
노르웨이해
북극권
핀란드
러시아
룰레오
스웨덴
노르웨이
보스니아만
라푸아
바사
카렐리야
라도가호
비보르크
투르쿠
헬싱키
달라르나
오슬로
리우칸
칼스타드
웁살라
올란드제도
핀란드만
상트페테르부르크
스톡홀름
탈린
에스토니아
러시아
스카게라크 해협
카테가트 해협
바스테나
고틀란드섬
예테보리
비스뷔
발트해
북해
덴마크
칼마르
리가
라트비아
말뫼
코펜하겐
리투아니아
보른홀름섬
발트 소해협
외레순 해협
빌니우스
발트 대해협
벨라루스
함부르크
독일
폴란드
0
200km

바이킹 원정

고대 북유럽의 모험가들

바이킹 시대

서기 793년 아름다운 여름날(6월 8일이라고들 한다), 영국 북부 동해안에 있는 대수도원 린디스판이 처음으로 바이킹에게 습격당했다. 바다에 낯설고 이상한 돛을 세운, 용머리가 긴 한 무리의 배들이 나타나는가 싶더니, 놀라운 속도로 접안하여 순식간에 파괴하고 약탈하며 살육하기 시작했다. 얼마 지나지 않아 그들은 맹렬하게 타오르는 불꽃과 검은 연기, 참극의 흔적을 남기고 바람처럼 떠나갔다.

바이킹에 관련된 책의 서두에 반드시 등장하는 바이킹 최초의 내습 대목인데, 이후 200년 넘게 서유럽은 이 공포스러운 이교도의 습격에 떨었다. '우리 죄에 대한 신의 분노다.' '신이시여, 우리를 노르만의 손에서 구해주소서.'(북유럽 역사에서 바이킹 시대는 고대에 속한다.

중세사는 바이킹 이후부터 시작된다. 또한 바이킹 시대는 800년부터 1000년 무렵까지로 간주되고, 학교 역사 교과서도 이 분류를 따른다.)

바이킹의 침공 뒤에는 오직 절망의 불꽃과 피와 눈물이 남겨졌다. 사람들은 그들을 노르만(북방 사람)이라 불렀다. 당시 서유럽 사람들에게는 스웨덴인이나 노르웨이인, 덴마크인을 종족별로 식별할 지식이 없었고 또한 북유럽에서는 그나마 통일 왕국다운 것이 출현하기 이전의 일이었다. 노르만들 자신은 스스로를 바이킹(비킹)이라 불렀다. 이 말의 뜻에 대해서는 여러 설이 있다. '원정하러 나가 부재(비키아) 중이다'라는 의미도 있지만, VIK(바다가 육지로 파고든 부분, 협만峽灣)에 숨어 바다를 지나가는 상선商船을 습격하는 데서 온 말이라는 게 유력한 통설이다. ING는 '사람'이라는 뜻, 즉 '비크 사람'이다.

나는 지금 서유럽 연안 지역 도처에서 나온 공포의 감정을 담아 바이킹의 습격에 대해 이야기했다. 그 노르만 가운데 스웨덴 바이킹은 동방으로 진출하여 러시아로부터 흑해로 남하했고, 덴마크 바이킹은 북프랑스·스페인·지중해로 들어갔으며, 노르웨이 바이킹은 스코틀랜드·아이슬란드 그리고 그린란드, 북미 대륙으로 향했다.

바이킹의 원정은 왜 일어났을까? 유력한 설로 '인구 과잉설'이 있다. 일부다처로 출생률이 높아 젊은이들을 밖으로 내몰아야 했다는 것이다. 장자 상속 제도로 인해 재산을 받지 못했던 젊은이들이 바이킹이 되었다는 말이다. 사실 인구 과잉은 신생아를 야수가 출몰하는 숲에 버리는 관습이나, 한겨울에 어린아이를 문밖에 두고 방치하는 관습, 노인을 절벽에서 밀어 떨어뜨려 죽이는 풍습을 낳기도 했다.(절벽 아래에서 아직 숨이 붙어 있는 노인을 때려 죽여 숨통을 끊는 데 쓰는 곤봉을 '에테클루바jette-klubba'라고 불렀다.) 발칸에서는 돌을 던져 죽였고 일본에서는 '백모 버리는 산' 전설이 내려왔다.

이런 점을 논외로 하면 그들은 뛰어난 조선가造船家이자 항해사이고 용감한 전사였다. 그들은 안개 속에서 색깔이 변하는 '태양석太陽石'이라는 특별한 돌을 가지고 있어, 그것으로 진로를 가늠하는 나침반으로 삼았다고 한다.

또한 그들의 최고 신 오딘의 까마귀 문양 깃발을 펄럭이는 일도 있었고, 전투할 때에는 맑은 소리를 내는 긴 피리를 불었다고도 한다. 배는 길고(그래서 '긴 배long ship'라고 불렀다) 용골만 해도 30미터는 되었으며, 한 척에 마흔 명이 탔고, 노는 30~40개였다. 투구는 철제를 썼던 듯하며, 바이킹 그림이나 책에 흔히 볼 수 있는 뿔처럼 생긴 투구는 적었던 것 같다. 배의 속도는 순풍을 받을 때 10해리 정도였다. 꽤 오래전 일이지만, 당시의 것을 온전히 복원해낸 바이킹 배로 대서양을 항해하는 실험을 했는데 보통 상선보다 빨랐다고 한다.

이런 배가 50~60척(수백 척이라는 말은 과장인 것 같다) 단위로 메뚜기 떼처럼 습격했던 것이다. 또한 그들을 "오른손에는 검, 왼손에는 저울"이라 부른 것을 보면, 약탈 상인 성격도 띠었던 것 같다. 특히 스웨덴 바이킹을 그렇게 불렀다. 바이킹 소설은 북유럽에 많은데 유명한 고전으로 프란스 G. 벵트손의 『붉은 뱀』이 있다. 참고로 북유럽 세 나라 사이에서도 바이킹 역사에 관한 한, 스웨덴인은 그 야만스러움에 대해 일종의 열등감을 갖고 있는 반면, 노르웨이나 덴마크에서는 오히려 영광의 역사로 여기는 면이 있다.

남방으로 가는 길

이제 바이킹들의 진출 방향을 다룰 텐데, 우선 당시 서유럽은 카를 대제(재위 768~814) 및 경건왕 루트비히(재위 814~840), 단순왕 샤를 3세(재위 893~923) 등으로 대표되는 프랑크 왕국 시대였던 점을 떠올려주길 바란다.

바이킹의 침공은 남방에서는 함부르크 내습으로부터 시작되었고, 이어서 라인강 주변이 습격 대상이 되었다. 때로는 코블렌츠까지 거슬러올라갔다. 그러나 동東프랑크군과의 일대 격전에서 바이킹이 대패하자 라인강 어귀에서의 왕국 건설은 좌절되었고, 이에 그들은 영국으로 방향을 틀었다. 영국에서는 838년에 켄트, 839년에 템스강 어귀, 866년에 동부 앵글리아, 867년에 노섬벌랜드, 994년에(94척으로) 런던을 침공했다. 그들은 영국의 중심부를 거의 점령하여 데인로(다넬라구)라는 덴마크 식민지를 만들었다.(덴마크 본토와 영국에 걸친 이 바이킹 왕국을 후세 역사가들은 '북해왕국北海王國'이라 불렀다.) 지금도 영국 동해안 등에서 북유럽어로 된 오래된 지명이 달린 도시나 마을이 여기저기 보이는 것은 이때의 흔적이다.

한편 다른 바이킹들은 남하하여 프랑스로 향했다. 843년에는 낭트를, 845년에는 센강을 거슬러올라가 파리를 습격했다.(120척) 그리고 10세기에 들어서 북프랑스의 노르망디에 정주하기 시작했다. 그들은 우두머리를 '롤로Rollo'라 불렀다. 그리고 샤르트르도 습격했다. 애를 먹은 단순왕 샤를은 여기서 바이킹을 기독교로 집단 개종시키는 방안을 생각했다.(바이킹 전체를 기독교화하여 그 야만적인 침공을 억제하려는 생각이 북유럽 포교활동의 시발점이었는데, 머지않아 거꾸로 기독교가 북유럽 전체를 정복해버리고 말았다.)

그래서 재빨리 사자를 파견했다.

그가 물었다. "우두머리는 어디에 있는가?"

그러자 바이킹 한 명이 대답했다. "우두머리? 그런 것은 없다. 우리는 모두 똑같다!"

이 대답 속에 실은 북유럽 민주주의의 핵심인 평등의식의 원류가 있다. 실제로 그들에게는 대표자 혹은 동류 가운데 제일인자는 있었지만, 지배권자 자격을 지닌 수령이 엄밀히는 아직 등장하지 않았다. 물론 머잖아 문자 그대로 수령이라는 개념이 확립되지만, 그것은 내각의 원형元型에서 장관은 모두 평등하고, 수상은 동료 장관 가운데 제일인자Prime Minister였던 것이, 나중에 강대한 권한을 갖고 다른 장관을 지배하기에 이르렀던 것과 같은 의미다.

어쨌든 교섭은 이뤄졌다. 그러나 당시의 관례상 영지를 받아 신하로 따른다면 왕의 발에 입을 맞추게 되어 있었다. '롤로'에게 그런 일이 가능할 리 없었다. 이에 동료 한 명에게 시켰더니, 그 동료가 갑자기 성질을 내며 국왕의 발을 난폭하게 움켜쥐고는 들어올려 왕좌와 함께 단순왕 샤를을 쓰러뜨리고 말았다. 참으로 난폭한 북방의 바이킹다운 에피소드다. 식탁의 상석을 차지하기 위해서도 검을 뽑아 도전하는 사람들인 것이다.

911년, 노르망디의 영지에서 바이킹 해적들의 지방 국가 건설이 시작되었고, '롤로'는 최초의 노르망디 공公이 되었다. 그 뒤 그들의 자손 정복왕 윌리엄이 1066년 남잉글랜드에 상륙해 헤이스팅스 전투를 거쳐 노르만 왕조의 영국 왕이 된다. 바이킹 최후의 원정이라 해도 좋겠다. 이리하여 그들은 북유럽에서부터 노르망디에 자매국을 만들었고, 또한 영국에서 나라를 세우는 데 성공했으며, 지중해에 나간 일부는 시칠리아섬에서도 나라를 구축하는 데 성공했다.

지중해로 향했던 바이킹으로 눈을 돌리면, 우선 그들은 62척의 배로 스페인 앞바다에 모습을 드러냈고(859년), 내륙의 코르도바까지 쳐들어간 뒤 이탈리아로 향했다. 그들은 피사를 약탈하고 로마로 향했다. 도중에는 멀리서 한 도시를 보고 로마라고 착각했다. 도시의 수비는 견고했다. 군대를 이끌던 헤스테인은 성안으로 사자를 보내 왕이 중병으로 임종을 앞두고 있는데 기독교 세례를 받고 기독교인으로 죽고 싶어한다는 뜻을 전달했다.

관을 든 장례 행렬은 성안으로 들어가 수도원 건물에 도착했다. 그러자 사자死者가 관을 깨부수고 튀어나왔고, 동료들이 일제히 검을 휘두르며 설치고 다니자 도시는 함락되었다. 그러나 그들은 여기가 로마가 아닌 루나(지금은 존재하지 않는다)라는 사실을 알게 되었다.

그 뒤 1016년, 노르망디 바이킹들은 다른 길을 통해 남이탈리아에 왔다. 그러나 그들은 이미 기독교화되어 있었고 성지를 순례하는 것이 목적이었다. 즉 노르만 순례단으로서 몬테 갈가노에 있는 성 미카엘 사원을 참배하러 온 것이었다. 그러나 여기서 바이킹의 피가 끓어

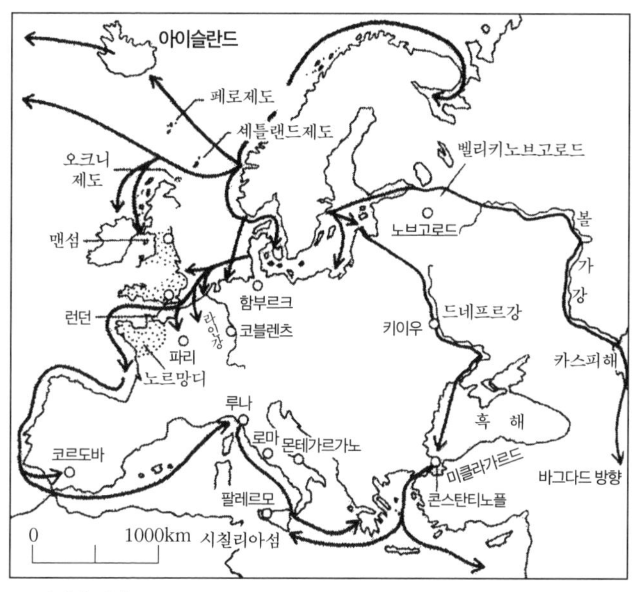
아이슬란드
페로제도
세틀랜드제도
오크니
제도
맨섬
런던
파리
노르망디
함부르크
라인강
코블렌츠
벨리키노브고로드
노브고로드
볼
가
강
드네프르강
키이우
카스피해
흑 해
미클라가르드
콘스탄티노플
바그다드 방향
루나
로마
몬테가르가노
코르도바
팔레르모
시칠리아섬
0
1000km

바이킹 원정 루트

올라 나폴리 공의 용병이 되어 공을 세우고 두각을 나타내 세력을 꾸려갔다. 이윽고 봉토를 받아 무슨무슨 백작이나 공公이 되었고, 1130년에는 시칠리아 왕이 태어난 것이다.(내가 듣기로 지금도 시칠리아섬 산촌에서는 눈이 파랗고 금발인 북유럽계 아기가 태어난다고 한다.)

또한 그중에는 제1차 십자군(1096~1099)에 참가하여 안티오키아 공국을 만든 바이킹마저 나왔다. 북방에서 왔던 스웨덴 바이킹과, 지중해에서 동쪽으로 진격해온 덴마크 바이킹이 합류하거나 조우했을 텐데—그것은 충분히 있을 수 있는 일이다—확실한 것은 알 수 없다. 한편 그리스 피레우스 항구 입구에 놓여 있는 사자 대리석상에, 풍화된 룬 문자(고대 북유럽 문자)가 남아 있는 사실은 널리 알려져 있다.

동방으로 가는 길

동방으로 향했던 스웨덴 바이킹들은 류리크 공의 인솔 아래 홀름가르드(노브고로드의 옛 이름)라는 나라를 만들었다. 모스크바 주변이다. 사람들은 그들을 '루스'라 불렀다. 여기서 훗날 '러시아'라는 나라 이름이 생겼다. 당시의 러시아를 그들은 '가르다리키(도시들의 왕국)'라 불렀다. 그들은 볼가강 아래쪽으로 내려갔고, 한 무리는 갈라져 카스피해로 향하여 캅카스(영어로는 코카서스·코카시아라고도 한다)로 들어가 바그다드로 향했다.

그 도중에 키이우에도 왕국을 세웠다. 그들은 배를 어깨에 걸쳐 짊어지거나 굴림대를 사용하거나 해서, 강을 따라 내려가는 방법으로 흑해와 카스피해로 나왔다. 지금도 아라비아 은화가 발트해 연안에서 출토되는 것은 이 무렵 바이킹의 활동을 입증해준다. 그들은 아랍인뿐만 아니라 중국인·인도인과도 접촉했던 것 같다. 스웨덴에서 발굴된 작은 구리 불상이 이를 짐작게 한다.

그들은 드네프르강을 수로로 삼아 흑해에 들어가, 동로마 제국의 수도 콘스탄티노플에 모습을 드러냈고, 이곳을 '미클라가르드'라고 불렀다.(860년) 비잔티움 사람들은 이상하게 생긴 배와 많은 전사에 놀라 떨었는데, 여기서 '비잔티움판 신풍神風이 일어나 신이 없는 루스들의 배는 돌풍으로 잇따라 침몰하고 얼마 남지 않은 배는 도망쳐 돌아갔다'고 『비잔티움 연대기』에 쓰여 있다고 한다. 그러나 뒤이어 온 바이킹 중 일부는 비잔티움 황제를 섬기며 근위병이 되었다.(그들은 '바랑'이라 불렸다.)

이리하여 바이킹들은 러시아 원정을 통해 러시아 인명人名에 영향을 끼쳤다. 예를 들어 북유럽 이름인 '에르게, 올레그, 잉마르, 이고르, 발데마르, 블라디미르' 등이다. 그러니 키이우와 로스코프 등은 원래 바이킹들이 만든 도시인 것이다.

'룬'은 '비밀'이라는 뜻이며 그리스·로마 문자에서 만들어진 고대 북유럽 문자로 북유럽 신화의 주신主神 오딘이 만들었다고 전해진다. 현재 스웨덴에는 몇천 기나 되는 룬 석비石碑가 남아 있는데 그 대부분은 동방으로 향했던 바이킹들의 소식이나 사적을 짧게 새긴 것이다. 예를 들어 다음과 같다. "아버지는 동료들과 동방으로 출발하여 저 머나먼 남쪽 나라에서 죽었다."

북방으로 가는 길

한편 노르웨이 바이킹들은 서쪽으로 향했다. 우선 스코틀랜드와 아이슬란드를 습격했다.(아이슬란드에 남아 있는 높고 독특하게 생긴 원형의 탑은 바이킹이 습격해왔을 때 도망쳐 들어가 몸을 지키기 위한 것이었다.) 맨섬Isle of Man에서는 지금도 당시 바이킹의 관례대로 섬사람들이 모여서 협의한다고 하는데, 이것은 입법·사법적 결정 기관('싱그' 또는 '팅그')으로, 시장市場을 겸하는 등 정기적으로 열리는 것이었기에 '민회民會'라고 번역해도 좋겠다. 바이킹들은 여기서 검을 휘두르거나 방패를 두들기며 찬성과 반대를 결정했다.

그들은 북상하여 페로제도, 오크니제도, 셰틀랜드제도, 아이슬란드에 상륙했다. 특히 아이슬란드는 식민 대상이 되었다.(먼저 살고 있었던 아이슬란드 수도승들은 쫓겨나서 귀국해버린다.) 860년경의 일인데, 본격적인 식민은 노르웨이 본토에서 잉골프가 직접 지휘하여 아이슬란드에 상륙했다.(레이캬비크에 그 동상이 세워져 있다.) 그 경위가 기록되어 있는 것이 '식민서植民書'로 알려진 북유럽 고대 문학의 기록이다. 춥고 가혹한 곳이었기 때문에 '아이슬란드'라고 기록되었다.

노르웨이 바이킹들은 여기서부터 그린란드 식민을 시작했는데 바로 982년 무렵이다. 원전이 같으므로 바이킹에 관한 어느 책에나 반드시 나오는데, '붉은 털 에이리크'라는 아이슬란드 바이킹이 살인죄로 3년 추방형을 받았다. 그는 '이왕 이렇게 된 김에' 하면서, 예전부터 소문으로 들었던, 알지도 못하고 본 적도 없는 서방 땅으로 탐험길을 나섰던 것이다.

이리하여 발견된 곳을 그는 '그린란드'라고 과대 선전하여 식민 희망자를 모집했다. 당시 아이슬란드는 지금보다 자연 조건이 더 가혹한 곳이었는데, '그린란드'라는 이름에 끌려 삽시간에 다수의 희망자가 모여들었다.

985년, 배 25척에 가축을 태운 이주자 일단이 출발했다. 하지만 목적지에 도착한 것은 14척뿐이었다. 이윽고 그린란드 남단 동부와 서부에 각각 100호, 200호가량의 집락集落이 형성되었다. 가장 융성했던 시기에는 3000명가량의 인구가 사는 식민지가 형성됐던 듯하다.

아메리카 대륙의 발견

바로 여기서 아메리카 발견이라는 드라마가 탄생한다. 이는 북유럽 고대 문학 『그린란드 사람의 사가』 속에 나온다. 비야르니라는 남자가 985년 그린란드에 이주하러 아이슬란드로부터 출발했던 붉은 털 에이리크와 동행한 아버지 뒤를 쫓다가, 도중에 배를 떠내려보내서 멀리 서남쪽으로 표류하여 낯선 땅을 세 번 우연히 보았다. 그는 그것이 그린란드의 모양과 달랐기 때문에 상륙하지 않은 채 조류를 타고 동북으로 떠내려가, 겨우 그린란드에 이르러 아버지와 다시 만났다.

992년(1000년 설이 유력), 붉은 털 에이리크의 아들 레이프 에이릭손이 비야르니가 보았던 땅을 탐험하기로 마음먹었다. 레이프 에이릭손은 35명의 동료와 출발했다. 그들은 처음에 북미 대륙을 보았고, 해안선을 따라 수백 킬로미터를 남하했다. 그리고 최초로 상

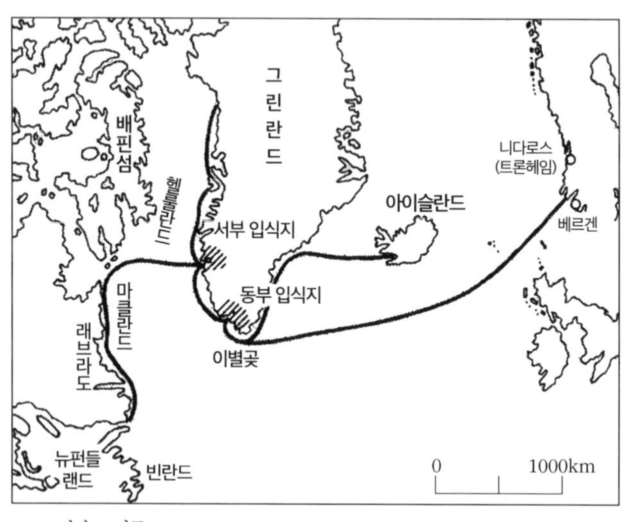

그린란드
배핀섬
헬룰란드
서부 입식지
동부 입식지
아이슬란드
니다로스
(트론헤임)
베르겐
마클란드
래브라도
이별곶
뉴펀들랜드
빈란드
0
1000km

그린란드 이주

륙했던 곳을 헬룰란드Helluland(평평한 돌의 땅. 배핀만灣 부근인 듯하다)라 이름 붙였고, 다시 남방으로 항해하여 상륙했던 곳을 마르클란드Markland(삼림森林의 땅. 래브라도인 듯하다)라 불렀으며, 더 남방까지 항해하여 상륙했던 땅을 빈란드Vínland(포도의 땅. 뉴펀들랜드인 듯하다)라 명명했다. 야생 포도를 발견했기 때문이고, 보스턴과 뉴욕 사이라고 한다. 여기서 단풍나무를 발견했고 물고기가 많은 강을 발견했다고 하는데, 그러나 당시 포도 자생지의 북방한계선은 더 남쪽이 아니었을까라는 의문을 제기하는 설도 있다.

어쨌든 『그린란드 사람들의 사가』에서는 포도·목재를 싣고 그린란드에 돌아간 것으로 나와 있다. 어느 쪽이라 하더라도 콜럼버스가 아메리카 대륙을 발견하기 500년 전의 일이다.

그런데 1956년 북미 대륙을 그려넣은 '그린란드 고지도'가 발견되어 학문적·사회적으로 화제가 된 적이 있다. 그러나 얼마 지나지 않아 과학적 검사(잉크 분석)로 위조품이라는 게 판명되었다. 그만큼 바이킹의 아메리카 발견은 역사의 로망으로 사람들의 꿈을 불러일으켜왔다는 뜻이리라. 말이 나온 김에 하자면, 콜럼버스는 1477년 대서양 저편에 대한 지식을 구하기 위해 아이슬란드를 항해했던 적이 있다.

그 뒤 몇 차례 바이킹은 아메리카 대륙의 식민화를 시도했지만 모조리 실패했다. 그도 그럴 것이 훗날 아메리카 개척에서 벌어진 인디언과의 투쟁을 생각하면, 극소수로 이루어진 산발적인 바이킹 이민이 성공할 리가 없었다. 또한 그린란드의 바이킹들은 그 뒤 북유럽 본국으로부터의 연락도 끊겨 전멸해버렸다. 그럼에도 이후 '하얀 에

스키모'나 '금발의 에스키모'와 만났다는 난파선 선원들의 이야기가 이따금 북유럽에 전해졌다.

또한 남방으로 향했던 바이킹들은 영국·노르망디·시칠리아 등 어디에서나 왕이 되었던 수령에게 복종하여 병사가 되었다. 이로써 초기 바이킹들의 자유롭고 독립된 정신적 활력을 잃어버렸고, 동방으로 향했던 바이킹들도 곧 대러시아 속에서 자신들의 존재를 점점 잃어버렸다.

바이킹 시대는 끝나가고 있었다. 이유는 간단했다. 원정에 나섰던 바이킹이 다시 북유럽에 돌아오지 못했던 것이다. 영국에서도 노르만 왕조는 소멸했고, 시칠리아에서도 스타우하우펜가家가 되었으며, 노르망디도 프랑스인의 손에 돌아갔다. 남은 바이킹들 역시 자신들을 더 이상 노르만이라고는 생각하지 않았다. 그들은 프랑스인이 되고 영국인이 되고 이탈리아인이 되어 그 나라에 녹아들어갔고, 12세기 무렵에는 서유럽 각지에서 노르만은 거의 소멸됐다. 그즈음 모국 북유럽에서는 그들의 해적 무역을 대신하는 새로운 '한자 동맹'의 시대가 준비되고 있었다.

제1장

기독교와 반란의 시대

1
여러 왕조의 성쇠와 북유럽 삼국의 성립

기독교로의 개종

바이킹 시대가 끝날 무렵부터 북유럽은 중세사(좀 더 정확하게는 중세 이전의 역사)에 들어간다. 그러나 이는 바이킹 시대의 자취가 남아 있던 시기나 기독교 선교가 승리한 시기와도 겹친다. 최초의 기독교 전도는 공식적으로는 프랑크 왕국의 경건왕 루트비히가 파견한 안스가르(801~865)에서 시작된다.(829년) 그는 멜라렌호 비르카에서 선교한 뒤 브레멘의 대주교가 되었는데, 그가 죽은 뒤에도 동료 선교사들이 전도활동을 이어갔다. 1000년 전후에는 서서히 새로운 종교가 스칸디나비아 전역으로 퍼져나갔다. 물론 순교자도 잇따랐던 듯하다. 추방되거나 살해당하거나 하는 가운데 선교사들은 포교활동을 이어갔고 각지에 교회를 세웠다. 작은 목조 교회였지만 지금도 북유럽 각지에 남아 있다. 그러나 아직도 이교신異教神 오딘이나 그 외 북유럽 신화에 나오는 신들을 믿는 이도 많았고, 옛 도시 웁살라에서는 여전히 이교신에게 희생을 바치는 상황이었다.

이때 기독교가 뿌리 내리는 데 큰 힘을 발휘한 것은 각지의 '족장族長'이 위로부터 가한 개종 압력이었다.(작은 왕국이 북유럽 각지에 존재했다고 하는데 '국왕'이라고 부르기에는 약간 꺼려진다. 부족의 장이라 불러야 할 자리인데 북유럽사에서는 국왕이라 간주하므로 그에 따르기로 한다. 말하자면 왕정王政의 원형이다.)

그중 한 명인 덴마크의 유력한 족왕族王 크누트(재위 1019~1035)가 개종함에 따라, 영국에서 잇따라 선교사들을 북유럽에 보내왔다. 크누트는 11세기 전반에 영국으로 원정하여 정복하고 식민지를 구축했으며('다네라그'라고 불렀다), 훗날 노르웨이·스웨덴도 병합하여 '북해 왕국'을 완성했다. 영국을 사랑하여 영국에 머물렀고 1027년에는 로마 교황의 손님으로 로마에 간 적도 있다. 북유럽 해적의 영광이라 부를 때였다. 그러나 크누트보다 앞서 청치왕青齒王 하랄(재위 935년경~985년경)이 이미 덴마크를 통일하여 기독교화했다고 말하는 사람도 있는데, 사실은 크누트도 하랄도 아니고, 스벤 에스트리드센 왕(재위 1047~1074) 무렵에 국토 통일과 기독교화가 완성되었다고 보는 설이 맞다고 말하는 이들도 있다.

한편 노르웨이에서는 1000년경 올라프 트뤼그바손(올라프 1세, 재위 995~1000), 올라프 하랄손(올라프 2세, 나중에 성聖 올라프, 재위 1015~1030)이 기독교로 개종하고 이를 전국에 퍼뜨렸다고 본다. 물론 개종은 강제여서 따르지 않으면 형벌을 내리거나 하는 거친 방식으로 사람들에게 개종을 밀어붙인 것으로 보인다. 그리스도도 오딘(북유럽 신화의 주신主神)이나 발드르(북유럽 신화의 태양신)와 혼동되었고, 열두 사도 등도 그리스도의 보디가드처럼 이해되는 상황이었던 듯하다.

다른 한편, 스웨덴에서는 족왕 올로프 셋코눙(재위 994~1022년 추정)이 영국인 선교사의 손에 세례를 받은 최초의 국왕이라고 한다.

1100년 무렵에는 북유럽 삼국의 태반이 기독교화되어 있었던 것으로 보인다. 이 무렵 룬드에 북유럽 최초의 대사교좌大司教座가 설치되고, 이어서 트론헤임과 웁살라에도 설치되기에 이르렀다. 그와 함께 각지에 수도원도 건설되었다.

덴마크 왕조의 성쇠

덴마크에서는 내전이 이어지고 있었다. 그중에서 발데마르 1세(대왕, 재위 1157~1182)가 치고 나와 덴마크의 융성을 구축했는데, 이를 도운 이가 압살론 대주교였다. 발데마르는 기사騎士 제도를 도입했고, 고름 노왕老王(940년 무렵)이 쌓았다고 하는 유틀란트반도 남부의 돌 방벽을 보강하여 남방에 대비하기도 했다. 한편 압살론은 셸란섬에 상업무역을 하는 항구도시를 만들었다.(바로 코펜하겐이다. 그런 까닭에 코펜하겐 중심지에 압살론이 말을 탄 동상이 세워져 있다.) 또한 서기書記 삭소 그라마티쿠스(1150년 무렵~1220년 무렵)를 시켜 『덴마크 고대사』를 쓰게 했다.(여기에 햄릿 전설이 포함돼 있다.)

노르웨이에 대해서는 스노리 스툴루손(시인·정치가, 1178~1241)이 『세계의 환環 Heimskringla』에서 고대 노르웨이 국왕 열전을 써서 남겼다.

반면, 스웨덴에는 압살론도 삭소 그라마티쿠스도 스툴루손도 나오지 않았다. 그런 이유로 스웨덴 역사에서 중세는 거의 알려져 있지 않다.

덴마크는 승리왕 발데마르(재위 1202~1241) 무렵 발트해로 진출한다. 이것이 에스토니아 원정이다.(1219년) 이때 거의 패전할 뻔했던 덴마크 군대는 갑자기 흰색 열십자가 그려진 핏빛 깃발이 하늘에서 내려오는 것을 보았다. 이것을 신의 계시라고 믿은 덴마크 군대는 떨쳐 일어나 마지막으로 반격하여 승리를 얻었다. 붉은 바탕에 흰색으로 열십자를 그린 깃발은 이때부터 덴마크 국기가 되었다.(단네브로라고 한다.)

발데마르는 또 유명한 유틀란트 법전을 만들었다.(1241년) 이때까지 덴마크에는 성문법이 없고, 지방마다 있는 민회民會에서 구두로 법을 적용하고 있었다. 유틀란트 법전은 간결한 데다 현대적 요소도 포함하고 있어, 1683년까지(슐레스비히에서는 1900년까지) 효력을 발휘했으니 얼마나 발전된 법전이었는지 알 수 있다.

이어서 발데마르 아테르다그(재위 1340~1375)의 시대가 온다. 아테르다그는 '다른 날'이라는 뜻인데, 말하자면 또 하나의 위대한 시대다. 발데마르는 1361년 고틀란드를 정복했다. 석비石碑나 발굴된 다수의 인골 유물 등을 통해 잔혹한 대량학살이 저질러졌다는 사실이 알려져 있다.

덴마크는 발트해 무역을 지배하게 되고 또한 스코네(스카니아. 스웨덴 남부)도 덴마크령으로 삼았다. 그러나 동시에 적도 등장했다. 바로 한자 동맹(중세 중기 북해·발트해 연안의 독일의 여러 도시가 뤼베크를 중심으로 상업상의 목적으로 결성한 동맹—옮긴이)이다.

이 무렵 베르겐은 노르웨이의 중요한 상업 중심지였고, (한자 동맹의 일원은 아니었지만) 스톡홀름도 번영하고 있었다. 두 곳 다 다수의 독일인이 들어와 세력을 키우고 있었다. 스톡홀름을 도시로 만든 이들 역시 독일인이었다고 해도 좋다.

덴마크는 그 속에서 북방의 무역·금융의 중심지가 되어가는 중이었다. 청어잡이가 활발해져 소금에 절여 전 유럽 시장에 내보냈다. 뤼베크와 슈체친, 그단스크(단치히)가 그 중심지였다.(뤼베크는 독일, 슈체친과 그단스크는 폴란드에 속해 있으며 모두 발트해에 면한 항구도시. 단치히는 그단스크를 독일에서 부르는 이름이다.—옮긴이) 한자 동맹에 참여한 여러 도시는 덴마크와 평화롭게 공존하기를 바랐지만, 발데마르의 고틀란드 점령은 그들에게 위협감을 느끼게 했다. 이에 한자 동맹 측은 단결하여 발데마르에게 맞섰지만, 발데마르는 정치 공작을 계속하여 스카니아 어업권과 교역권 등으로 이들과 협상했다. 그는 뛰어난 통치자였다.

발데마르 국왕은 덴마크를 재건하고 '다시 한번' 전성기를 가져왔던 것이다.

스웨덴 왕조의 성쇠

한편 스웨덴에서는 작은 왕국이 나란히 일어나 서로 싸우거나 공동의 왕을 모시거나 했는데, 이는 곧 통일로 향했고 역시 기독교화되었다. 그 후 스웨덴은 이웃해 있는 핀란드에 십자군을 파견한다.(1155년) 최초의 십자군을 이끌었던 이가 에리크 9세(에리크 성왕聖王, 재위 추정 1150~1160)다. 물론 십자군이라고는 하나 실체는 침략과 다를 게 없었을 것이다. 이때 영국인 주교 헨리가 순교했고, 나중에 핀란드의 수호성인이 되었다. 그 뒤 1250년에 두 번째, 1300년 무렵에 세 번째 십자군이 파견되었는데 특히 비르예르 얄(1250~1266)의 파견이 알려져 있다.

이 무렵 그리스 정교의 러시아(노브고로드 후작)도 핀란드를 개종시킬 목적으로 동방에서 열심히 진출하려 애쓰고 있었다. 스웨덴의 가톨릭은 1293년 비푸리에 성을 쌓아 동방의 움직임에 대비했다. 결국 1323년에 러시아·스웨덴 조약(실리셀부르크의 뇌테보리 화약)이 성립되어 보스니아만 북부로부터 비푸리에 뻗친 선에서 양자의 세력권이 획정되었다. 지금의 핀란드 남쪽 절반 정도에 해당된다.

핀란드인은 차츰 기독교화되었는데, 스웨덴의 일부로서 스웨덴 국왕 선출에 참가할 권리도 주어졌고, 이후 500여 년에 걸쳐 스웨덴과 준準연합되는 형식으로 지배당한 것으로 보인다. 또한 이 무렵에는 프란치스코 수도회, 시트 수도회, 도미니코 수도회 등이 북유럽 전역에 들어오는 중이었고, 북유럽 수사들이 볼로냐와 파리로 잇따라 유학길에 올랐다. 그에 따라 라틴어가 아닌 자국어로 쓰인 문학다운 것도 등장하기 시작했다.

1200년대 중반 무렵의 스웨덴에서 가장 유명한 족왕은 폴쿵 왕조의 시조인 비르예르 얄이다. 그는 국왕의 여동생을 아내로 삼고 있었는데, 왕세자가 아직 어린아이였기 때문에 왕이 죽은 뒤 섭정으로서 실력을 발휘했다. 입법자로 잘 알려진 그는 각종 법을 제정했고, 형벌 제도를 만들어 나라로서의 체제를 정비하는 데 노력했다. 비르예르 얄은 뤼베크와 협의하여 독일인에게 뤼베크에서의 세금을 면제해주는 정책을 취해 이들을 불러들였고 스웨덴의 통상 발전을 꾀했다. 또한 스톡홀름을 건설·확대하여 훗날 수도가 될 기초를 다졌다. 스톡홀름은 멜라렌호 및 내륙으로 향하는 주요 관문으로 발전해갔다. 또한 이 무렵 구리가 나는 파른 광산銅山이 발견되는 일도 있었다.

다음으로 유명한 국왕은 망누스 라둘로스(재위 1275~1290)로, 기사·귀족 제도를 도입했는데, 이 시기가 되면 귀족·수도승·도시자유민·농민의 네 계급이 생겨난다. 그러나 실제로는 국왕이나 귀족이 부과한 무거운 세금 아래에서 농민이 착취당하는 구도였다.

망누스 라둘로스에게는 세 명의 아들이 있었는데, 왕권을 둘러싸고 싸운 끝에 망누스 에릭손(재위 1319~1355)이 왕위에 오른다. 이 왕은 1350년 전 국토에 걸친 지방법과 도시법을 제정한 것으로 알려져 있다. 이 법들은 18세기 초까지 거의 400년간 효력을 발휘했다. 특히 지방법은 지금으로 치면 헌법 같은 부분도 포함하고 있었다. 이 국왕 치세에서의 스웨덴은 이웃한 덴마크·노르웨이와 함께 평화로운 시절을 보냈다.

하지만 1350년경 흑사병이 스칸디나비아를 덮쳤다. 그 위세는 맹렬하여 스웨덴은 당시 인구의 3분의 1, 덴마크·노르웨이는 절반을 잃었다고 한다. 그 뒤 망누스는 호족들에게 추방당하고, 아들 호콘(6세, 재위 1355~1380)이 국왕으로 있던 노르웨이로 망명했다. 다음 국왕으로는 북독일의 메크렌부르크가의 알브레히트가 선출되었다.(당시 국왕은 선출제였다.)

그런데 이 무렵 유럽에서 가장 널리 알려진 북유럽 사람은 스웨덴의 비르기타로, 그리스도의 환영을 보고 『묵시록』 일곱 권을 남긴 인물이다. 그녀는 바도스테나에 수도원 건립을 인가받았고, 자신은 팔레스티나 순례를 떠나, 로마에 이르러 그곳에서 죽었다. 몇 년 뒤 성녀聖女의 반열에 올랐고 유체는 바스테나에 보내졌으며, 비르기타 수도원은 스칸디나비아 전역을 넘어 다시 전 유럽으로 퍼졌다.

노르웨이 왕조의 성쇠

노르웨이에서는 900년경 오슬로 피오르(피오르는 빙하의 침식으로 만들어진 골짜기에 빙하가 없어진 후 바닷물이 들어와서 생긴 좁고 긴 만이다—옮긴이) 지방의 족왕이었던 미발왕 하랄(재위 900년경~940년경)이 노르웨이를 통일했다. 스웨덴 왕가 출신이라고도 하는데, 지금의 노르웨이 중부 지방을 평정했다. 정복하기 전까지는 머리카락을 자르지 않겠다고 맹세한 그는, 그 서원이 성취된 뒤 머리카락을 자르자 아름다운 모습이었다는 데서 미발왕美髮王이라는 이름으로 불렸다. 하랄은 또 셰틀랜드, 오크니제도도 점령했다. 그 뒤 하랄은 아이슬란드로 탈출하여 식민화했던 노르웨이 호족과 그 가신들을 지배하고자 원정을 고려했으나 실행에 옮기지는 못했다. 기독교는 1000년경에 들어왔다.

미발왕이 죽은 뒤 그 자식들이 서로 살육하거나 지방의 국왕이 되거나, 그중 한 명이 재통일에 성공하거나 하는 일이 이어졌는데, 하랄 일족에 해당되는 노르웨이 서남부 지방의 족장 올라프 트뤼그바손(올라프 1세, 재위 995~1000)이 두각을 나타냈다. 올라프는 가르다리키(러시아)·네덜란드·영국을 돈 뒤 바이킹 생활을 그만두고, 기독교로 개종하여 귀국한 뒤 나라 전체의 국왕으로 추대된다. 왕은 무리하게 기독교 신앙을 국내에 포교함으로써 이교도 시대의 사원을 파괴하고 이교 신앙을 금지했다. 그러나 나중에 덴마크·스웨덴의 지원을 받은 국내 반란군과의 전투에서 죽었다.

그 뒤 올라프 하랄손(올라프 2세, 재위 1015~1030)이라는 노르웨이 역사상 가장 유명한 국왕이 나온다. 그는 바이킹 최후의 시대를 일단락 지은 국왕이다. 올라프 하랄손 이후 바이킹들의 전투는 북유럽 삼국 사이의 전투가 된다. 그는 미발왕 하랄의 유업을 이어 노르웨이를 재건했다. 사람들은 그를 '두 번째 건국자'라고도 부른다.

올라프는 법을 제정하고 국력을 높이며 선정을 베풀었지만, 덴마크 크누트 대왕이 대함대를 이끌고 침공하여 그를 추방시켜 가르다리키로 망명했다. 그러나 기회를 엿보아 스웨덴, 노르웨이 연합군을 이끌고 귀국해 트론헤임 부근의 스티클레스타드에서 반란군과 전투하던 중 진중에서 죽었다. 1030년 7월 29일의 일이다. 그가 죽은 뒤 여러 기적이 일어났다. 이에 유체를 파내어 교회에 안치했고, 그는 자유를 위한 순교자가 되어 성자의 반열에 올랐다. 지금도 7월 29일은 종교 축일로 지정돼 스티클레스타드에서는 지방민들이 야외에서 역사극을 공연한다.

그 무렵의 노르웨이는 페로스제도, 셰틀랜드제도, 오크니제도, 헤브리디스제도, 아이슬란드, 그린란드를 차지하고 있었고 오슬로, 베르겐, 트론헤임, 스타반게르가 도시로서 번성하고 있었다. 또한 주교들도 더욱 늘어나고 있었다.

하랄 하르드라디(재위 1047~1066)도 잘 알려진 노르웨이 국왕이다. 그는 가르다리키에 갔었고, 또한 콘스탄티노플에서 비잔티움 근위대장이 된 뒤 귀국하여 왕위에 올랐는데, 그 또한 최후의 바이킹 중 한 사람이라 해도 좋다. 그는 영국 내의 왕위 쟁탈전에 말려들어 영국에서 전사했다. 가열왕苛烈王이라는 별명이 붙었지만 특별히 잔혹하다는 의미는 아니며, 오슬로를 건설한 사람이기도 하다. 그 뒤 나족왕裸足王 망누스(스코틀랜드 고지대와 아일랜드에서 입는 남성용 정장인 '킬트'를 좋아해서 이렇게 불렸다)나 그 자식들이 뒤를 이어 왕이 되었는데, 이 무렵 베르겐은 서부 노르웨이의 통상·무역의 중심지로서 북유럽 최대의 도시가 되어 있었다. 특히 말린 물고기를 수출한 게 베르겐이 번성한 이유였다.

그 뒤 십자군 전사왕戰士王 시구르(재위 1103~1130)가 등장했는데, 그는 스페인·팔레스티나·시칠리아에서 이슬람 이교도들과 싸웠다. 이 또한 바이킹다운 경력이라 할 수 있겠다.

노르웨이 국왕은 세습과 선출이 혼합되어 있었는데, 시구르왕 이후 100년 이상 왕위를 둘러싸고 후계 후보자들과 각 지방 사이의 다툼 및 혼란이 이어져, 전투와 유혈로 점철된 혼란기를 지났다. 국내에 평화가 다시 찾아온 것은 호콘 호콘손(호콘 4세, 재위 1217~1263) 때가 되고 나서다.

13세기의 노르웨이는 국력이 가장 높아진 시대였다. 노르웨이 중부·남부와 함께 지금의 스웨덴 중서부·서남부까지 노르웨이령이었다. 그래서 이 시기에 북독일 한자 동맹의 여러 도시가 압도적인 세력을 갖게 된다. 또한 베르겐은 국왕의 거주지가 되었고, 국내 정치면에서는 정부 조직이라 할 만한 것도 점차 성립되어갔다.

호콘을 이은 아들 개법왕改法王 망누스(재위 1263~1280)는 그때까지 해오던 왕위 선출·세습 방식을 고쳐(덴마크·스웨덴에서는 선출제), 국왕에게 세자가 없을 경우 귀족·수도승이 국왕 선출권을 갖는 왕위계승법을 제정했고, 또 국왕은 반드시 유력자의 조언에 바탕을 두고 정치를 행하도록 했다. 유력자란 귀족·성직자를 가리킨다. 가령 성직자 대표 재상 같은 직책도 생겼다. 또한 중요한 문제에서는 귀족·성직자 합의체에 자문을 구하게 했다. 로마의 원로원과 비슷한 제도로, 나중엔 폐지되었다. 어쨌든 망누스가 일으킨 가장 큰 사업은 전국토에 적용되는 공통법을 제정했던 일일 것이다.

그의 뒤를 이은 호콘 5세(재위 1299~1319)는 망누스의 아들이다. 그는 오슬로를 수도로 정하고, 아케르스후스 성채를 건축하여 왕궁 겸 요새로 삼아 오슬로의 경비를 강화한 것으로 알려져 있다. 이 무렵에는 노르웨이 최북단 북극권 아래의 핀마르크 지방도 차츰 노르웨이 세력권 아래로 들어왔고, 소수민족 라프인(사미인)에 대한 기독교 포교가 시작되었다.

또한 1300년경에는 트론헤임에 니다로스 대성당이 완성되었다. 한편 한자 동맹의 무역활동은 면세특권을 부여받아 끝없이 번성했고, 그 세력은 독점적인 지위를 누렸다.

국왕에게 세자는 없었지만 딸이 스웨덴 왕가에 들어와 있었다. 이로 인해 호콘의 죽음 뒤 노르웨이 국왕의 왕관은 스웨덴 왕가의 손에 넘어갔다. 호콘의 손자에 해당되는 망누스 에릭손이 스웨덴·노르웨이 두 나라의 국왕이 된 것이다.(재위 1319~1355) 물론 이것은 완전히 명목상 그런 것이었다. 이 무렵부터 노르웨이 왕권은 차츰 약화되어 훗날 덴마크에 병합된다.

북유럽 삼국의 성립

마지막으로 삼국통일 시기인데, 덴마크는 고름 노왕老王(940년경)의 아들 청치왕靑齒王 하랄(재위 935년경~985년경)이 통일했다고들 말한다. 사실 그가 덴마크 통일과 기독교화를 이뤘다는 비석도 남아 있다. 노르웨이의 통일은 미발왕 하랄로부터 비롯되었다고 보며, 노르웨이 역사도 여기서부터 시작되고 있다. 스웨덴은 500년대에 오타르, 비요른 등의 전설의 고왕古王들이 있었고 그 뒤 멜라렌호를 중심으로 옛 삼왕조가 통일되었으며, 스베아·스텐킬, 이어서 스베르케르·에리크 왕조가 이어졌고 다시 폴쿵 왕조로 이어졌다. 물론 이 무렵의 일은 거의 알 수 없다. 그렇더라도 가령 스웨덴 통일(통일이라 하더라도 덴마크는 그렇다 치고 노르웨이 북부는 비어 있었고, 스웨덴으로 봐도 지금의 중부와 남부)을 스베아 왕조가 이루었을 시기라 생각하면 11세기 초 무렵일 것이다.

2
칼마르 동맹

칼마르 동맹과 덴마크 여왕 마르그레테

노르웨이 국왕 호콘 6세(재위 1355~1380)는 중세 노르웨이의 마지막 국왕인데, 그가 죽은 뒤 노르웨이·덴마크·스웨덴 삼국을 하나로 모은 칼마르 동맹이라는 동군同君 연합이 성립되었고, 덴마크를 상위국으로 삼은 유럽 최대 연합 왕국이 출현하게 된다. 그 경위는 이렇다.

덴마크의 부흥왕 발데마르(발데마르 4세, 1320년경~1375)는 아들이 일찍 죽고 두 명의 딸을 남겼다. 언니 잉에보르는 메클렌부르크가에, 동생 마르그레테는 노르웨이 왕가에 들어가 있었다. 그래서 왕이 죽은 뒤 왕권을 둘러싸고 다툼이 일었던 것이다. 마르그레테는 재빨리 노르웨이 왕과의 사이에서 태어난 올라프를 덴마크 국왕으로 추대하는 정치 공작에 성공했다. 이리하여 호콘 6세의 죽음과 함께 올라프는 노르웨이 국왕도 겸하게 되었다.

권력자들(귀족·성직자들)은 젊은 마르그레테와 어린 아들을 얕잡아 보고 다루기 쉬울 것이라 생각했겠지만, 마르그레테는 유능한 정치가였다. 이리하여 어린 아들을 위해 마르그레테는 바야흐로 대관戴冠하지 않은 여왕으로서 덴마크와 노르웨이 두 나라를 지배하게 되었다. 한편 스웨덴에서는 귀족들이 메클렌부르크의 알브레히트를 국왕으로 선출했는데, 이에 반대하는 귀족들이 반란을 일으켜 마르그레테에게 원조를 요청했다.

그녀는 올라프가 스웨덴 왕가 출신이라는 근거를 내세워 스웨덴 왕위 계승자라고 주장하게 만들었고, 팔셰핑 전투에서 알브레히트군을 격파했다. 그런데 올라프가 여기서 급사해버린다. 또한 마르그레테 자신은 아들을 위해 왕위 계승권을 방기하고 있었다. 이에 그녀는 조카딸의 아들 에리크(포메라니아 출생)를 후계자로 삼아 노르웨이·덴마크 국왕으로 만드는 데 성공했고, 또한 삼국의 유력 귀족들을 칼마르에 소집하여 에리크를 스웨덴 국왕으로 인정하게 만듦으로써 북유럽 삼국 연합이 성립되게 했다.(1397년)

이 강대한 칼마르 동맹은 1523년 스웨덴이 분리될 때까지(몇 차례 중단된 기간은 있었지만) 126년 동안 이어진다. 더구나 노르웨이와의 동맹은 그대로 유지되어 1814년 스웨덴과의 동군 연합까지 417년 동안이나 계속되었다. 마르그레테 여왕(엄밀히는 아니지만, 실질적으로 여왕이었기 때문에 '여왕'이라 부르는 게 통례다)은 위대한 정치가였다. 그녀는 칼마르 동맹이라는 일찍이 없었던 대국을 만들어내 평화를 가

크론보르 성
1580년대 지리서에 나온 크론보르 성과 외레순 해협

져왔고, 삼국이 대등한 연합 시대를 열었다.(물론 실체는 덴마크를 맹주로 삼은 것이었다.)

마르그레테 사후

마르그레테 1세는 1412년에 죽었다. 성인이 된 에리크(재위1397~1439)가 이미 삼국을 지배하고 있었는데, 그는 두 가지 문제에 손을 댔다. 하나는 양모 마르그레테 이래의 슐레스비히(덴마크와 가까운 지금의 독일 북부 도시—옮긴이) 병합이었다. 이 병합은 힘든 문제로, 이후 줄곧 덴마크 최대의 난제로 남았다.

결국 에리크의 슐레스비히 병합 기도는 실패로 끝나고 전쟁으로 인한 원한과 국가의 재정 부담만 늘어갈 뿐이었다. 에리크는 노르웨이·스웨덴에 무거운 세금을 부과하여 재정을 다시 일으키려 했다. 그러나 이 때문에 두 나라에는 덴마크에 대한 불만이 쌓이기 시작했다. 또 하나의 문제는 스웨덴과 덴마크 사이의 해협(외레순)을 통항通航하는 선박에 해협세를 부과하는 일이었다.(스웨덴 남부는 당시 덴마크령이었다.)

이를 위해 엘시노어(덴마크 쪽)에 크로겐이라는 성을 지었다.(훗날의 크론보르 성) 또한 감시와 위협을 목적으로 해협 건너 맞은편 도시 헬싱보리에 케르넨 성을 쌓았다.

덴마크는 이 해협세로 엄청난 재정 수입을 올렸다. 그러나 권력을 제멋대로 휘두르기 시작했던 귀족 세력들이 에리크를 괴롭혔고 결국 그는 왕위에서 물러났다. 에리크는 포메라니아의 종형제를 왕위에 추천했지만, 귀족들은 그의 조카 바바리아의 크리스토페르를 후계 왕으로 선출했다. 귀족 세력은 더욱 크고 강해지고 있었다. 그러나 크리스토페르(재위 1439~1448)는 고생만 하다가 10년도 채우지 못한 채 갑자기 죽어버렸다. 더구나 스웨덴에서는 덴마크에 대한 반란이 일어나기 시작했다.

이후 덴마크 왕가에서는 크리스티안과 프레데리크가 번갈아 '넘버 킹'이 된다. 그때까지의 국왕이 보유하고 있던 청치왕이나 기아왕饑餓王이나 승리왕勝利王이라는 별명을 붙이는 예부터의 풍습은 올덴부르크 왕조가 시작되면서 사라졌다.

3

구스타브 바사의 반란

흔들리기 시작한 칼마르 동맹

칼마르 동맹은 스웨덴의 반란으로 흔들리기 시작한다. 그것은 일련의 반란에 이은 독립 의사와 행동의 결과였고 마침내 구스타브 바사가 반란을 성공시킨다. 이 일은 나중이고 우선 그 이전의 역사를 보면 엥엘브렉트가 유능한 지도자로 등장했다. 그의 주변에는 스웨덴 중부 달라나 농민들이 모였고, 그는 1435년 아르보가에서 실질적인 국왕으로 선출되었다.

일부 역사가는 이것을 지나치게 낭만적으로 해석하여 스웨덴 의회의 발생이라 보고, 엥엘브렉트를 덴마크 해방을 위해 싸운 영웅이라 여긴다. 그러나 확실한 것은 거의 알 수 없다. 왕을 선출하는 집회에서도 귀족·수도승과 일부 도시 대표는 참가했던 것 같지만 농민 대표가 참가했다는 증거는 없다. 어쨌든 스웨덴의 역사학, 고등학교 역사 교과서에서는 의회의 시작으로 간주하여 가르치고 있다.

이어서 그의 뜻을 받든 인물은 칼 크누트손이다. 그는 1448년에 스웨덴 국왕임을 선언했다. 그러나 덴마크와의 연합을 지지하는 수도승을 중심으로 한 세력과의 격렬한 내전이 이어졌다. 크누트손은 이 과정에서 추방과 복귀를 되풀이하다가 세 차례나 왕위를 선언하고 1470년에 죽었다.

이어서 칼 크누트손의 친족 스텐 스투레가 집정했다.

이 무렵 덴마크의 크리스티안 1세는 칼마르 동맹을 강화하고자 스웨덴에 출병했다. 그러니 1471년 10월 10일, 스톡홀름 부근의 브룬케베리에서 벌어진 전투에서 스텐 스투레는 덴마크군·스웨덴 연합 지지파 동맹군을 격파했다. 이는 스웨덴에 반反덴마크 민족주의를 북돋우는 중요한 전투였다. 스토르시르칸(대교회大教會)에 지금도 남아 있는 '용과 싸우는 성聖 게오르기' 조각상은 이 승리를 기념하여 바친 것이다.

이로써 스웨덴은 30여 년간 평화로운 시기를 누릴 수 있었다. 웁살라대학이 창설된 것은 이 무렵이었다.(1477년) 한편 크리스티안의 뒤를 이은 한스 국왕은 스웨덴을 해상과 육상에서 공격했고, 스웨덴 국내의 연합 유지파들도 스텐 스투레의 후계 지도자 스반테 스투레를 노렸다. 결국 그는 사고사로 생을 마쳤고 아들 스텐 스투레가 뒤를 이었다.(그래서 앞서 언급한 스텐 스투레를 늙은 스텐 스투레라 불러 구별한다.)

그는 덴마크와의 연합을 유지하자는 쪽의 지도자 격인 구스타브 트롤레 대주교를 거칠고 난폭하게 투옥시켜 덴마크에 군사 개입의 구실을 제공했다. 곧바로 크리스티안 2세의 1차 스웨덴 공격이 시작됐다.(1518년) 이것은 크리스티안의 패배로 끝났다. 하지만 크리스티안의 결의가 단단하여 두 번째 스웨덴 공격이 이어졌다.(1520년) 이 전투에서 스텐 스투레는 중상을 입었고, 스톡홀름 방어를 위해 후퇴하여 얼어붙은 멜라렌호를 건너다가 달리던 썰매 안에서 죽고 말았다. 지도자를 잃은 스웨덴 반란군은 혼란에 빠졌다. 크리스티안 2세는 스톡홀름에 입성했고, 즉시 성안에서 대연회를 개최했다. 1520년 11월 7일, 스웨덴 쪽의 유력 귀족·사제·도시자유민 대표들이 만찬회에 초대받았다. 그들은 반란죄를 용서해준다는 크리스티안의 성명을 믿고 온 것이었다. 그러나 그들이 들어온 뒤 왕궁의 문이 닫혔고, 손님들은 모두 체포당했다.

이튿날 형식뿐인 재판이 끝난 뒤 100명 이상의 스웨덴 유력자가 줄줄이 처형되었다. 거대한 광장은 피로 넘쳐흘렀다. 이것이 '스톡홀름 피바다Stockholm bloodbath'로 알려진 사건이다. 크리스티안은 이것으로 더 이상 스웨덴인의 반란이 일어나지 않으리라 생각했다.

구스타브 바사의 반란, 스웨덴의 독립

이때 구스타브 바사라는 젊은 기사騎士가 반기를 들고 일어났다. 바사는 명문가 출신으로 스투레 가문과도 관계가 있었다. 그는 유틀란트의 귀족 저택에서 1년쯤 갇혀 지내던 참에, 스웨덴에서 벌어진 사

구스타브 바사
1550년의 구스타브 바사 1세

태를 알고서 독립전쟁을 벌일 뜻을 굳혔다. 그는 농민으로 변장하여 뤼베크까지 도망쳤다가 스웨덴으로 돌아왔다.(1520년) 바사는 칼마르에 도착해서 자신의 아버지와 숙부가 '스톡홀름 피바다'에서 참혹하게 죽임을 당했음을 알게 되었다. 그는 일찍이 엥엘브렉트를 밀어준 달라나 농민들에게 의지해, 모라에서 농민들에게 호소했다. 하지만 달라나 농민들의 중론이 좀처럼 결정되지 않자 바사는 절망하여 실의에 빠진 채 홀로 쓸쓸하게 스키를 타고 스웨덴으로 향했다. 그가 떠난 뒤 달라나 농민들의 뜻은 독립을 위한 반란으로 일치되었다. 즉시 사자 두 사람을 파견했고 그들은 노르웨이 국경 세이렌에서 바사를 따라잡았다. 이로부터 바사를 지도자로 삼은 대규모 독립전쟁이 시작된다.

바사는 1521년 바드스테나에서 집정으로 선출된다. 그의 반란군은 순조롭게 전력이 증강되었고, 게다가 뤼베크 또한 바사를 지지했다. 이것으로 군선軍船과 용병이 충분히 마련돼 남스웨덴에서 덴마크를 격파했다.

1523년 6월 6일, 바사는 스트렝네스에서 스웨덴 국왕으로 추대되었고 나중에 베스테로스에서 세습제 왕조로 인정받았다.

바살로페트

바사 왕조의 시조 구스타브 바사는 몇 차례나 반란에 실패한 뒤, 스웨덴 중부의 오래된 달라나 지방 농민들에게 덴마크로부터의 독립을 호소하여, 여기서 마지막 반란 봉기의 깃발을 세우고자 했다. 이때 모라에서 농민들에게 들고일어날 것을 호소했으나, 중론이 일치되지 않는 것에 절망한 바사는 노르웨이를 향해 망명길에 올랐다. 그 뒤 농민들은 바사를 반란 지도자로 받들기로 중론을 결정해 즉각 사자 두 명을 보내고 바사의 뒤를 쫓아가 국경 부근 세이렌에서 따라잡았다. 이때 사자들이 스키를 타고 추격했던 약 82킬로미터 거리를 주파하는 스키 경주가 유명한 바살로페트(경주)다.

1922년에 시작된 이 경주는 매년 3월 초 일요일 모라와 세이렌 사이에서 열리며, 외국인도 많이 참가하는 아주 큰 행사가 되었다. 이제까지의 기록은 4시간 45분이다. 이것을 그대로 빌려온 것이 일본 아사히카와시에서 매년 열리고 있는 바사 스키 대회이고, 일본을 방문한 칼 16세 구스타브 국왕도 이 대회에서 스키를 탄 적이 있다.

바사는 달라나에서도 덴마크 병사들에게 쫓기다 구사일생으로 살아남았는데, 바사를 숨겨준 농가의 헛간 등도 기념관으로 남아 있다.

2013년 바살로페트의 우승자 예르겐 에우클란

칼마르 동맹은 무너졌다. 바사는 그 무렵 세력을 늘리고 있던 프로테스탄트 루터파 교회와 손을 잡고 귀족들도 제 편으로 끌어들여 가톨릭교회의 재산 몰수를 강행함으로써 재정을 안정시키고, 왕의 영지를 단숨에 확대했다. 그 뒤 작은 반란도 평정하여 국내 정치는 안정되었다. 한편 왕은 교육에는 거의 관심을 두지 않았다.

바사는 특별히 매력적인 성격의 소유자는 아니었던 것 같다. 의심이 매우 많고 또 군주로서의 관대함도 갖추지 못했던 것 같다. 세 번 결혼했고 아들 넷을 두었으며 1560년에 죽었다. 어쨌든 그는 스웨덴의 바사 왕조를 연 인물이었다.

이 무렵의 집은 나무로 지었는데, 창도 없고 가구도 거의 없었다. 옷도 변변치 못했다. 주요 산업은 농업이었지만 밀은 아직 드물었고 양배추가 일반적이었다. 감자는 아직 알려지지 않았다. 한편 우유·계란·버터는 일반화되어 있었고 소·돼지·닭·양을 길렀다. 물론 귀족이나 호상豪商들은 사치를 누렸다. 예를 들어 그들은 최상으로 치는 먹거리인 뱀장어를 즐겼고, 수입 포도주나 독일 맥주를 마셨으며 옷도 고급 옷감을 사용했다.

또한 이 무렵 독일인이 다수 들어와 있었는데 잇따라 스웨덴으로 귀화했다.

한편, 루터의 제자 올라우스 페트리는 스톡홀름 대교회를 근거 삼아 루터파를 확장해갔다. 1541년에는 스웨덴어 성경도 출판되었다. 이 무렵의 교회는 이전의 로마네스크 양식에서 고딕 양식으로 바뀌어갔다. 그러나 도시에 사는 사람은 적어 당시 스톡홀름 인구는 약

8000명이었다.

바사의 아들들

바사는 네 명의 아들을 두었는데 에리크가 바사의 성격을 가장 많이 닮았다. 음악과 그림을 좋아하며 지적인 인물이었다. 그러나 아우 망누스와 마찬가지로(망누스는 일찍 세상을 떠났다) 정신병적 경향이 있었다.

에리크(14세, 재위 1560~1568)는 가톨릭 폴란드와 그리스 정교 러시아의 위협을 받고 있는 프로테스탄트 에스토니아로부터 원조 요청을 받고 원정해, 루바르트를 스웨덴의 세력권 아래에 두었다. 그러나 이것으로 평화가 오지는 않았다. 덴마크도 에스토니아에 눈독을 들여, 이어지는 150년 동안 끊임없는 전쟁의 원인이 된다. 그사이 에리크는 아우 요한과 사이가 나빠져 국내 대립도 발생한다. 그러나 에리크는 바사가 구축한 함대를 강화하고, 핀란드계인 클라우스 호른 제독으로 하여금 발트해에서 덴마크·노르웨이·뤼베크 연합 함대를 격파하게 했다.

물빛 바탕에 노란 십자가가 그려져 있는 스웨덴 국기는 이때 함대 깃발로 걸었던 것이다. 참고로 말하자면, 물빛은 호수와 발트해, 십자가는 물론 기독교 국가를 뜻하며, 노란색은 태양이다.(북유럽의 태양은 빛이 매우 약하다. 이곳 아이들은 태양을 노란색으로 그린다.)

그러나 에리크는 정신이상이 심해졌고, 요한과 칼의 반란으로 그리프스홀름 성에 유폐되고 만다.(1566년) 에리크는 여기서 죽음을 맞이했다.

왕위는 요한(3세, 재위 1568~1592)이 이었는데, 덴마크와의 전투를 무승부로 이끌고 교회 개혁과 재정 개혁을 단행했다. 또 동방 러시아와의 전쟁에서 나르바를 중심으로 한 잉게르만란드를 정복해 핀란드 국경을 동방으로 더욱 넓히는 데 성공했다.

요한이 죽은 뒤(1592년) 동생 칼이 한동안 국정을 맡고 있었는데, 거기에 요한의 아들 시기스문드 바사(재위 1592~1599, 훗날 폴란드의 왕위 계승자가 된다)가 폴란드에서 귀국했다. 그는 스웨덴을 가톨릭으로 되돌리려 했다. 시기스문드는 왕위에 올랐고 그 뒤 폴란드로 돌아갔다. 이 틈을 타 칼은 루터 신교를 견지하자며 반기를 들었고, 정벌군을 이끌고 스웨덴으로 돌아온 시기스문드를 격파했다.(1598년) 칼은 시기스문드가 폴란드로 도망친 뒤 그의 폐위를 선언하고 스스로 왕위에 올랐다.

칼(9세, 재위 1599~1611)은 시기스문드를 지지했던 귀족들을 잔혹하게 처형했다. '린셰핑의 피바다'(1600)로 알려진 사건이 그것이다. 칼은 또한 루터파의 국교화를 결정했다. 이 덕분에 스웨덴은 17세기에 다른 서유럽 국가에서 되풀이된 피비린내 나는 종교전쟁을 겪지 않고 지나가게 된다.

이 무렵 스웨덴은 철과 구리의 생산 및 수출로 유럽의 수요에 부응하면서 새로운 무역도시로 예테보리가 건설되었고, 학교 제도도 확립되었다. 그러나 아직 음악이나 문학 등 일반적인 예술활동에서 볼 만한 것은 없었으며 겨우 궁정 문화가 일어나기 시작한 정도였다.

칼은 세 방향에서 적에게 포위당하고 있었다. 폴란드와 러시아, 덴마크다. 더구나 시기스문드는 여전히 스웨덴에 왕위 계승권을 주장하고 있었다. 이런 위기 속에서 칼은 열여섯 살짜리 구스타브 아돌프를 남겨두고 죽었다. 그가 남긴 자식이야말로 '북유럽의 사자왕'으로 전 유럽에 그 이름을 알리게 될 뛰어난 왕 구스타브 아돌프 2세다. 이 국왕을 통해 스웨덴은 유럽의 대국으로 힘차게 비상하는 시대를 맞이한다.

검의 시대

1
종교개혁의 폭풍

덴마크, 올덴부르크 왕조

스웨덴이 덴마크로부터 분리·독립에 성공하기 전 덴마크의 상황을 보자. 이때 덴마크는 올덴부르크 왕가가 열려 크리스티안 1세(재위 1448~1481)의 시기였다. 그는 사치를 좋아하는 낭비가여서, 로마 교황을 방문하는 대규모 여행 등으로 재정을 악화시켰다. 참고로 말하자면, 이때 로마 교황에게 헌상했던 덴마크 특산물은 소금에 절인 청어·모피·말린 대구였다.

크리스티안 1세가 죽고 왕위는 아들 한스(재위 1481~1513)가 이었다. 그는 스웨덴의 반란을 견제하고 스톡홀름 입성을 강행하여 칼마르 동맹을 부활시키기도 했지만, 스웨덴 정세를 단속하는 데는 애를 먹었다. 더구나 한스는 국내에서 유틀란트 자치 농민을 탄압하다 농민들에게 예상치 못한 패배를 당했다. 이것이 스웨덴 반란 측의 사기를 북돋우고 용기를 불어넣었다. 스웨덴은 혼란 상태에 빠졌다. 물론 한스는 다른 한편에서 스웨덴의 동맹, 한자 도시 뤼베크의 함대를 해상에서 격파했다. 즉 한스는 강력한 함대를 구축하던 중이었다.

이 무렵의 덴마크 도시에서는 상업과 문화가 발달하기 시작했지만, 농촌에서는 여전히 이교異教 시대의 자취가 남아 있었다. 한편 기독교는 서서히 뿌리를 내려 새로운 교회가 잇따라 건축되었고, 이와 함께 독일 북부로부터 종교·미술 문화를 수입했다.

한스의 뒤는 그 아들 크리스티안 2세(재위 1513~1523)가 이었다. 이 국왕은 공사의 측면과 내외의 측면에서 모두 다사다난함을 겪는다. 그는 왕자였을 때 노르웨이의 베르겐에서 디베케라는 네덜란드 여성에게 첫눈에 반해 그녀를 오슬로로 데려가는 동시에, 과부인 자신의 어머니 시그브리트와 함께 살라고 저택을 지어주기도 했다. 크리스티안 2세의 어머니는 재주가 출중한 여인으로, 크리스티안이 왕위를 이은 뒤로는 고문 같은 역할을 맡았다. 크리스티안 2세가 네덜란드를 동경하여 네덜란드를 덴마크의 모범으로 생각했던 데에 원인이 있었는지도 모르겠다. 그는 코펜하겐의 남쪽 아마가 지구에 네덜란드 마을을 만들고, 네덜란드에서 농민들을 모셔왔다. 이것도 시그브리트의 조언에 따른 것이었다.

코펜하겐 공항 남쪽, 바다에 면한 아마가 지구에는 지금도 이 무렵의 건물을 비롯한 자취가 남아 있다. 참고로 말하자면, 네덜란드 여인 디베케는 왕비가 되지 못했다.

내란

크리스티안 2세는 한편으로 스웨덴의 반란을 탄압했는데(앞서 다룬 '구스타브 바사의 반란' 참조), 그러나 국내에서 문제가 발생했다. 귀족 반란이 일어났던 것이다. 귀족들은 크리스티안의 숙부이자 전왕 한스의 동생인 프레데리크 공을 왕위에 추대했다. 이때 크리스티안은 단호하게 반란 귀족들과 대결했어야 했겠지만 그는 네덜란드로 망명하는 길을 택했다. 신왕 프레데리크 1세(재위 1523~1533)는 크리스티안이 귀국할까봐 두려워했던 것이 사실상 국내는 내란 상태에 진입해 있었기 때문이다. 이것을 안 크리스티안은 함대를 편성하여 오슬로로 향했다. 이때 프레데리크가 속임수를 써서 크리스티안을 덴마크로 불러내 해상에서 체포, 유폐시켜버린다. 국내의 가톨릭 대 프로테스탄트의 다툼은 왕위를 둘러싼 문제와 얽혀 덴마크를 내전으로 몰아갔다.

사태는 프레데리크의 죽음과 함께 격화되었다. 중앙의 귀족들은 가톨릭 구교파여서, 독실한 신교인 세자 크리스티안(훗날의 3세)의 왕위 계승에 반대했다. 한편 유틀란트 귀족들은 신교를 지지하는 크리스티안을 추대했다. 더구나 이 틈을 타 뤼베크가 크리스티안 2세의 복위를 명분 삼아 대군을 편성하여 침공해왔다. 이 와중에 코펜하겐은 크리스티안 2세를 지지했고 곧 포위당했다.

결국 뤼베크군은 스웨덴과 동맹한 크리스티안(3세)군에게 패배했다. 이를 계기로 뤼베크 및 한자 동맹은 쇠퇴하기 시작했다. 물론 그 배경에는 그 무렵 시작되었던 지중해·발트해로 통상 경로가 바뀌는 대서양 루트의 개막과, 스페인·네덜란드·영국·프랑스 등 통상 패권국의 등장도 있었다. 한편 구교파 귀족들은 침묵하여 세 파의 내분은 끝났다.

크리스티안 3세(재위 1534~1559)는 내전이 끝나자마자 바로 가톨릭 탄압에 착수했다. 교회가 소유한 토지를 몰수하고, 가톨릭 사제를 추방하는 등 잇따라 강압적인 조치를 취했다. 덕분에 왕의 영지는 전국토의 절반을 차지할 만큼 늘어났다.(그때까지는 전체의 6분의 1에 불과했다.) 덴마크는 스웨덴과 함께 루터 신교국이 되었다. 17세기 서유럽 각국에서 벌어진, 피로 피를 씻는 처참한 종교 대립을 생각하면 덴마크는 그 참극을 피할 수 있었던 셈이기도 했다.

한편 크리스티안 3세는 노르웨이를 예전의 왕국으로 인정하지 않고 덴마크의 식민지로 만들 궁리를 하고 있었다. 스웨덴에서는 여전히 가톨릭이 지배적이었고 니다로스의 올라브 엥엘브렉트손 대주교가 그 지도자였다. 그는 노르웨이의 독립과 가톨릭을 지키겠다는 목적으로 덴마크의 궁리에 저항했다. 그러나 대주교에게는 군대가 없었을뿐더러 노르웨이는 약체였고, 국내도 분열되어 있었다. 올라브는 덴마크군이 노르웨이로 침공하자 네덜란드로 도망쳤고, 노르웨이는 신교화되어 덴마크의 속주屬州로 전락했다.

크리스티안 3세는 유수幽囚되어 있던 크리스티안 2세와 비슷한 시기에 죽었다.

7년 전쟁

크리스티안 3세의 아들은 프레데리크 2세(재위 1559~1588)로 즉위했다. 프레데리크 2세는 덴마크의 영광을 회복하기 위해 스웨덴 탈환 전쟁을 시작했다. 이 전쟁은 단기전이 되리라는 예상을 깨고 7년이나 이어졌으며, 두 나라 군대의 전투는 참혹하기 그지없었다. 남스코네(당시 덴마크령) 전투가 특히 잔혹했고, 전쟁은 애매한 형태로 종결되었다.

그러나 덴마크는 전쟁의 타격에서 빠르게 회복할 만한 국력을 보유하고 있었다. 상업·무역·농업의 발전은 계속해서 사회를 번영으로 이끌었다.

프레데리크는 학술과 과학을 장려했고 세계 최초로 성좌표星座表를 만든 천문학자 튀코 브라헤(1546~1601)를 배출했다. 프레데리크 2세는 명성이 치솟은 과학자를 곁에 두고 싶어 튀코에게 벤이라는 섬을 하사하고 여기에 관측소 세우는 것을 지원했다. 이후 이 섬의 브라헤 천문학연구소가 유럽 학계에 알려졌다.

프레데리크 2세는 또 덴마크·노르웨이 해역을 '국왕 폐하의 바다'로 삼아 영국·프랑스·네덜란드 등 해상 강국에게 그 우위권을 인정하게 만들었고, 그린란드에 원정 함대를 파견해 덴마크령임을 다시 확인했으며, 또한 '항해법'을 제정하는 등 해양국 덴마크의 이름을 드날렸다. 덴마크의 국력은 충실해져 강국으로 크게 떨쳐 일어났다.

프레데리크 2세가 국왕으로서 세운 공적은 위대했다고 말해도 좋을 것이다. 그의 뒤는 아들 크리스티안 4세(재위 1588~1648)가 이었다. 크리스티안 4세 아래에서 덴마크의 국력은 절정기에 이르렀고, 동시에 급격한 정세 변화 속에서 쇠퇴기가 시작되었다.

2
발트해의 패권: 대국 스웨덴의 탄생

북방의 사자왕 구스타브 2세 아돌프

스웨덴의 역대 국왕 가운데 사자왕 구스타브 2세 아돌프만큼 스웨덴 국민에게 인기가 높았던 왕도 없을 것이다. 스웨덴의 옛날 지폐에도 그의 초상화가 인쇄되어 있었다. 그 까닭은 그가 스웨덴을 북유럽의 대국으로 만들었을 뿐만 아니라, 국왕으로서 찾아보기 힘든 미덕을 갖춘, 말하자면 완전한 국왕의 이상에 가까운 영명한 군주이기도 했기 때문이다.

지능·인덕·용기 외에도 여러 훌륭한 자질을 겸비한 국왕이었다. 그러므로 부왕父王 칼 9세는 자신이 병으로 고생하고 있는 데다 러시아·폴란드·덴마크가 포위하여 압력을 가하고 위협하고 있을 때도, 아직 어린 아돌프의 머리를 쓰다듬으면서 "곧 이 아이가 잘할 게야"

GVSTAVIS ADOLPHVS D.G. Suecorum Gothorum et
Vandalorum Rex, Magnus Princeps Finlandiæ, Dux
Esthoniæ, et Careliæ, nec non Ingriæ Dominus.
C. Danck: exc.

구스타브 아돌프

라고 말하곤 했던 것이다.

아돌프의 천부적인 자질은 어려서부터 유명했다. 유럽 주요 언어의 간단한 회화 정도는 이미 구사할 수 있었고, 라틴어를 말하고 쓰고 읽을 수 있었다.

또한 부왕의 국정을 훌륭하게 보좌할 수 있어 아돌프는 17세에 국왕이 되었다.

그는 부왕의 시대에 시작되었던 덴마크와의 전쟁을 이어받았지만, 영국의 조정을 얻어 1613년 크내레드에서 평화협정을 체결했다. 그 결과 예타강 어귀를 한동안 덴마크가 보유했지만, 5년 뒤 스웨덴은 100만 릭스달을 내고 이를 취득하게 되었다.(1달은 당시 버터 15킬로그램을 살 수 있었던 금액.) 덴마크와의 전쟁은 '칼마르 전쟁'(1611~1613)이라고도 불렸다. 그러나 러시아와의 전쟁에서는 스웨덴군이 성공을 거두었다. 라도가호 동남쪽 스톨보바에서 평화협정이 성립되자(1617년), 스웨덴은 잉에르만란드 지방과 카렐리야 지방 일부를 얻을 수 있었다.

그러나 폴란드는 칼 9세와 구스타브 아돌프의 스웨덴 왕위를 승인하지 않고 시기스문드 국왕이야말로 여전히 정당한 스웨덴 왕위 계승자라고 주장했다. 폴란드는 그 무렵 모스크바를 침공했지만 결국 퇴각했고, 러시아에서는 미하일 로마노프가 왕위에 올랐다.(로마노프 왕조) 그러나 러시아는 발트해로부터 후퇴했다. 문제는 폴란드였다. 1621년 구스타브 아돌프는 폴란드 가까이에 접한 리블란드를 공격해 상업항이자 요지인 리가를 함락시켰다. 리블란드·에스틀란드(거의 현재의 라트비아, 에스토니아)는 아돌프의 지배 아래에 들어갔다. 그 뒤 아돌프는 폴란드 각지에서 전투를 벌였고, 프랑스의 중재로 알트마르크 조약(1629)을 맺어 휴전한 뒤 폴란드를 굴복시키고 귀국했다. 아돌프의 명성은 점점 더 퍼져나갔다.

그 무렵 30년 전쟁이 시작되고 있었다. 황제군이 이끄는 가톨릭 연합 독일과 폴란드는 스웨덴에게 중대한 위협이었다. 더구나 덴마크군은 황제군에 패배하여 평화협정을 맺어버린 상황이었다.

1632년 아돌프는 남진하여 바이에른에 들어갔다. 여기서 틸리가 이끄는 황제군을 격파하고 도나우강을 따라 빈으로 향하는 태세를 보였다. 그러나 황제는 사이가 좋지 않아 내쳤던 명장名將 발렌슈타인을 다시 불러들였다. 발렌슈타인은 뉘른베르크로부터 북상하여 아돌프의 후방을 위협했다. 아돌프는 이에 대응하여 북쪽으로 방향을 틀었고, 뤼첸에서 두 나라 군대가 격돌하여 결전을 치렀다.

11월 6일 짙은 안개가 낀 이른 아침, 한 부대의 호위를 받으며 전선을 시찰하던 중 저격당한 아돌프는 말에서 떨어져 혼전 중에 전사했다. 마침내 스웨덴군은 승리를 거두었지만 전쟁의 승리조차 위대한 국왕의 죽음을 보상할 수는 없었다.

아돌프는 스웨덴을 북방의 대국으로 만들었다. 국내 정치에도 신경을 써서 귀족의 협력과 신뢰를 얻었다. 그래서 장기간 싸움터에 있어도 국내에서는 아무런 일도 일어나지 않았다. 군사·경제·외교 등에서 스웨덴은 발트해의 패자가 되었다. 물론 옥센셰르나라는 명재상의 조력도 컸다. 아돌프는 신교의 자유를 위해 싸웠지만, 동시에 발트해 남안南岸 이북에서 스웨덴의 국력을 충실하게 할 목적도 있었을 터다. 이윽고 독일 프로테스탄트 제후들의 대연합을 결성하여 스웨덴이 맹주가 되려는 목적도 있었을 게 분명하며, 단순히 신교를 옹호하는 목적만은 아니었을 것이다. 어쨌든 아돌프에게는 작은 결점(예를 들면 성질이 급한 점 등)이 있었지만, 스웨덴의 가장 매력적인 국왕일 것이다.

명군과 명재상

스톡홀름, 왕궁과 옛 의회 옆, 외무성과 오페라극장 앞 광장은 구스타브 아돌프 광장이라 불리는데, 거기에 아돌프와 그를 아래에서 우러러보는 옥센셰르나의 동상이 있다.

아돌프와 옥센셰르나는 명군과 명재상의 관계로 서로를 경애했다. 어느 싸움터에서 군사회의가 한창일 때 옥센셰르나를 비롯하여 여러 장수는 지쳐서 말수가 없어졌다.

이때 아돌프가 거친 목소리로 말했다. "만약 나라는 불이 없었다면 경들은 모두 얼어버렸을 것이다." 그러자 옥센셰르나가 조용히 대답했다. "만약 저희 얼음이 없었다면 폐하는 순식간에 다 타버렸겠지요." 아돌프는 웃으며 다시 군사회의를 계속했다. 아돌프가 전사할 때 타고 있던 애마는 박제되어 현재 북방박물관에 진열되어 있다.

아돌프가 국내 정치에서 이룬 업적으로는 우선 귀족으로 구성된 원로원을 존중하고, 또한 1634년 기본법을 제정한 것을 들 수 있다. 신분제 의회의 실체를 이루는 것들이었다. 사법 제도를 만들고 우편

옥센셰르나

제도도 창설했다. 교육에도 힘을 쏟아 웁살라대학(1477년 창설)을 재건했다. 상공업과 해운도 장려했다. 파른의 구리광산은 유럽 최대의 생산량을 기록했다. 구리 수출로 스웨덴은 외국으로부터의 수입 비용을 지탱할 수 있었다. 우플란드 지방에서는 철광업도 일어났다. 여기에는 드 예르라는 벨기에계 네덜란드인 사업가의 공이 컸다. 드 예르는 다수의 벨기에인을 불러들여 광산 개발에 힘을 쏟았다. 또한 타르는 중요한 수출품이 되었다. 이것은 핀란드와 노르란드(스웨덴 북부)에서 산출되었다. 한편 통상 증대를 배경으로 예테보리의 중요성이 커졌다. 또한 1638년에는 북미 대륙 델라웨어강 어귀에 '뉴스웨덴'을 경영했다.(나중에 네덜란드에 빼앗긴다.)

여담이지만 아돌프의 식탁에는 매일 서른 가지의 메뉴가 올라왔다고 한다. 물론 전부를 먹기보다 좋아하는 것을 골라 먹었다는 뜻이긴 하지만. 그러나 귀족이나 호상들은 그렇다 치더라도, 일반 국민이나 농민의 생활은 아직 소박한 처지였다.

여왕 크리스티나

아돌프는 여섯 살짜리 어린 딸 크리스티나를 남겼다. 명재상을 중심으로 5인의 섭정위원회가 꾸려져 크리스티나의 뒤를 봐주었다. 옥센셰르나는 선왕이 남긴 딸을 지켜 스웨덴의 국력을 잘 유지·발전시켰다. 그리고 18세가 되어 크리스티나의 친정이 시작된다. 그러나 아직 옥센셰르나의 수완이 필요했다. 그는 프랑스 외교사절이 "유럽의 정치인들이 같은 배에 탔다면 옥센셰르나에게 키를 맡길 것이다"라고 말할 정도의 인물이었다.

이사이에도 독일에서 토르스텐손이 이끄는 스웨덴군은 포메라니에서 힘든 전투를 계속하고 있었다. 그리고 북독일을 이은 스웨덴군의 존재에 위협을 느끼고 있던 크리스티안 4세는 심심찮게 스웨덴군을 방해했다. 본래부터 덴마크의 안전을 보장하려는 입장이었기 때문이다.

토르스텐손은 배후에서 방해하는 덴마크군에 분노하여, 덴마크군을 향해 유틀란트로 침입했다. 한편 본토의 스웨덴군은 이에 호응해 스코네로 진격하여 덴마크군을 제압했다. 덴마크는 해군만 강력했다. 스웨덴 함대와 덴마크 함대의 결전이 홀슈타인 앞바다에서 벌어졌고, 어느 쪽도 승리를 얻지 못했다. 스웨덴 함대는 자국의 군대를 덴마크 본토에 상륙시킬 힘은 없었다. 그러나 국력을 소모한 덴마크가 굴복했다.

1645년 브룀세브로 조약이 성립되었다. 스웨덴은 외레순 자유 통항권과 함께, 노르웨이 동부 지방 옘틀란드·헤리에달렌 및 할란드를 취득함으로써 또 고틀란드를 손에 넣었다. 덴마크가 스웨덴을 위협하는 도전자였던 시대는 끝나가고 있었다.

크리스티나 여왕(1626~1689)

예카테리나 2세, 엘리자베스 1세, 마리아 테레지아 등 유명한 여왕·여제와 함께 스웨덴의 크리스티나 여왕 또한 사람들의 주목을 끄는 개성적인 인물이다. 그녀는 30년 전쟁의 주역인 부왕 구스타브 아돌프의 딸이었고, 철학자 데카르트를 스톡홀름 궁정에 초빙한 여왕이었으며, 열렬한 가톨릭 신자로서 로마에서 죽은 극적이고 분방한 여왕이었으니, 우리의 관심을 돋울 만하다.

크리스티나는 어렸을 때부터 사내아이처럼 자랐다. 부왕 아돌프가 싸움터에서 죽자 섭정위원회의 후견을 받아 북유럽의 대국 스웨덴의 여왕이 되었는데, 일찍부터 그녀의 재능은 알려져 있었다. 어학에서는 라틴어·프랑스어·스페인어 등에 정통했고, 문학·철학을 공부했으며, 승마도 좋아했고, 프랑스를 중심으로 국내외 학자·예술가 등을 초빙하여 북유럽 궁정에 화려한 학문·예술 살롱을 열었다. 거기에는 학문과 예술, 문화가 앞선 남유럽에 대한 강한 동경의 심정이 있었던 것 같다.

특히 유명한 것이 여왕이 특파한 군함을 통해 초빙된 데카르트다. 당시 대국이라고는 해도 스웨덴이라 하면 얼음과 눈과 흰곰의 나라 정도로 간주되고 있었던 북유럽까지, 멀리 파리에서 달려온 데카르트는 추운 겨울 이른 아침에 강의하다 감기와 폐렴이 동시에 발병해 마침내 스톡홀름에서 객사하고 말았다. 훗날 유체는 프랑스로 송환되었는데, 사람들은 크리스티나가 가톨릭으로 개종하는 데 데카르트가 큰 역할을 했다고 말한다. 또한 데카르트는 여왕 크리스티나를 위해 『정념론情念論』을 썼다.

크리스티나에게는 남유럽 로마에 대한 억누를 수 없는 동경이 있었던 모양으로, 마침내 여왕의 자리를 버리기에 이른다. 퇴위하고 로마에 거주한 뒤에도 '구스타브 아

17세기 프랑스 바로크 화가
세바스티앵 부르동이 그린 크리스티나 여왕

돌프의 딸'과 '여왕'으로서의 자긍심은 줄곧 갖고 있었다. 그래서 로마에서도 이런저런 사건을 일으켰다. 교황이나 로마 시민의 반발을 산 적도 있다.

또한 '여왕'으로서의 체면을 유지하기 위한 재정적인 고생도 끊이지 않았다. 그래서였을까, 이사이 스웨덴에 돌아가 여왕으로서의 복위권 승인을 구하는 등 수수께끼 같은 행동을 했다. 그러나 스웨덴 본국은 신교국이라, 가톨릭교도인 크리스티나에게는 더 이상 아무런 관심도 보이지 않았다. 스웨덴에 머물고 있을 때 그녀가 행하는 미사조차 방해받는 판국이었다.

크리스티나에게 남성의 그림자는 없다. 종형제 칼 10세나 로마의 아조리노 추기경 등 한두 명이 거론되지만, 모두 근거 없는 풍문에 불과한 듯하다.

그녀는 1689년 로마에서 죽었는데 향년 63세였다. 유체는 산피에트로 성당 안에 매장되었고 유명한 '피에타' 곁에 묘비가 세워져 있다. 참고 삼아 덧붙이자면, 통속적인 책들에는 그녀가 잔인하기 짝이 없는 여왕이라 쓰여 있지만 반드시 사실인 것은 아니다.

토르스텐손은 병이 들었고, 지휘권을 이어받은 랑겔은 다시 독일 본토로 방향을 틀어 싸우고, 프랑스군과 협력하여 황제군에 무거운 압력을 가하여 마침내 웨스트팔리아(베스트팔렌) 조약이 체결되었다.(1648년) 이 조약에 따라 오데르·엘베·베젤 세 강 어귀에 걸친 광대한 북독일 지역이 스웨덴령으로 승인되었고, 신교의 자유도 보장받았다. 아돌프가 개입했던 30년 전쟁의 목적과 성과는 국제적인 승인을 얻었고, 스웨덴은 유럽의 대국이 되었다.

크리스티나는 이 대영토를 통합하게 되었는데, 여왕으로서 그녀는 벌써 옥센셰르나를 귀찮게 생각할 나이였다.

크리스티나는 서서히 옥센셰르나를 멀리했다. 더구나 그녀는 재정에 거의 관심이 없어 가령 귀족의 수를 두 배로 늘렸다. 이 때문에 국토의 3분의 2가 귀족들 손에 넘어갔다. 농민은 귀족에게 내는 무거운 세금 때문에 허덕였다. 게다가 전쟁은 끝났지만, 발트해를 뛰어넘은 대안對岸 영토를 유지하는 일은 재정적으로 무거운 짐이었다. 국민의 불평불만이 높아질 수밖에 없었던 이유다.

이러한 가운데 그녀는 화려한 궁정생활을 했다. 재주가 많은 터라 라틴어·프랑스어·네덜란드어 등을 구사했고 데카르트를 비롯하여 프랑스·네덜란드 문화인을 살롱에 모았다. 라틴 문화에 대한 동경이 심했던 까닭이다.

그리고 그때까지 결혼을 권했던 중신들에게 "나는 결혼하지 않는다"고 선언했다. '이유는 말할 수 없다'고 했고, 그녀는 종형제인 칼 구스타브(독일 팔츠 후侯)를 후계자로 지명한 뒤 퇴위를 선언했다.

덴마크의 크리스티안 4세

퇴위 이유는 전혀 알 수 없다. 몇 가지 추측이 있는데, 가톨릭에 대한 강한 동경의 감정이 가장 큰 이유일 거라고 한다. 그녀는 퇴위한 뒤 로마로 갔고, 인스브루크에서 가톨릭에 귀의한 뒤 로마에서 죽었다. 아돌프는 신교 옹호를 위해 싸우다 죽었다. 그 신교를 버리고 딸은 가톨릭으로 개종했던 것이다. 크리스티나는 꽤 오래전부터 비밀리에 가톨릭 신앙을 가지고 있었다고 한다. 그리고 그녀는 문화의 향기가 짙고 풍부한 남유럽을 줄곧 동경했던 것이다.

덴마크의 영광과 몰락: 크리스티안 4세

크리스티안 4세(재위 1588~1648)의 덴마크는 스웨덴이 번성했던 데에 비해 서서히 그 국력이 쇠퇴해갔다. 북유럽에서 대국 노릇을 하던 덴마크는 자신으로부터 독립한 스웨덴이 급속히 강대해지면서 발트해 패권을 두고 스웨덴과 벌인 숙명의 대결에서 패배하여, 스웨덴과는 반대로 국력의 하강기에 접어든 것이다. 그 분기점에 섰던 국왕이 크리스티안 4세다.

크리스티안 4세는 아마도 덴마크에서 가장 인기가 높은 국왕일 것이다. 그 이유는 덴마크의 영광과 몰락이 교차한 극적인 시대를 살았던, 그 시대를 상징하는 국왕이었기 때문이다. 크리스티안 4세는 덴마크 국민에게 향수를 불러일으키는 국왕이다.

크리스티안 4세가 부왕 프레데리크 2세를 이었을 때 덴마크는 번영을 지속하고 있었다. 크리스티안 4세는 정력적으로 일을 시작했는데, 그는 무엇보다 '건축왕'으로 유명하다. 코펜하겐을 관광해보면

'저 건물은 크리스티안 4세가, 이 건물도 크리스티안 4세가' 하는 식으로, 성이며 탑이며 교회에 주식거래소에, 이것저것 마구 건축했던 것이다. 또한 바다에도 강한 관심을 가져 통상·해운에 힘을 쏟고 조선소를 만들었으며, 해군 수병水兵들을 위해 특별한 집도 지었다.(지금도 그 한 구획이 시에 남아 있다.)

성격은 밝고 쾌활하며, 술과 음악을 사랑했다. 런던을 방문했을 때는 얼마나 사냥을 했던지 말이 몇 마리나 지쳐 나가떨어졌고, 연회에서 호쾌하게 술 마시는 모습을 보여 사람들을 놀라게 하기도 했다. 하지만 크리스티안 4세는 30년 전쟁에서 스웨덴의 뛰어난 왕 구스타브 아돌프와 대결하게 된다. 그는 원로원의 반대를 물리치고, 북독일 신교도들의 요망을 받아들여 크리스티안 대령으로서 출진했지만, 황제 쪽의 틸리군에게 패배한다. 이에 북독일 신교도들은 구스타브 아돌프에게 원조를 요청했다.

아돌프는 크리스티안 4세에게 공동 출병을 요청했다. 이때 크리스티안 4세는 이를 거절하는 중대한 과실을 범해버렸다. 그의 마음에는, 상상하는 것 외에 알 도리가 없지만, 새로 일어나는 스웨덴에 대한 복잡한 거절 심리가 있었을 것이다. 또한 아돌프가 훗날 잇따라 군사적 성공을 거두고 신교도군을 이끄는 위대한 맹주가 되리라는 사실 따위는 예상도 못 했는지 모른다. 그러므로 그는 스웨덴군을 방해하는 길로 나섰지만 스웨덴은 그러한 처사에 신속하고 강대하게 반격했다.

크리스티안 4세는 함대를 이끌고 스웨덴 해군과 싸웠다. 이 해전에서 그는 한쪽 눈을 잃는다. 코펜하겐 서쪽 덴마크 역대 국왕의 묘가 있는 로스킬레 대성당에 '흰 안대를 한 크리스티안이 함상艦上에서 지휘하고 있는 유명한 그림'이 있다. 또한 "크리스티안 4세는 높은 돛대 옆에 서 있다"로 시작되는 국가國歌(덴마크의 국가는 두 가지다. 물론 이쪽은 '왕실 노래'라고 해야 어울린다)가 잘 알려져 있다.

결국 덴마크는 스웨덴에 굴복했다. 1645년 브룀세브로 조약을 맺었고 덴마크는 광대한 영토를 잃었다.

크리스티안 4세는 급속하게 노쇠하기 시작했다. 사실 이미 일흔에 가까운 나이였다. 그의 만년은 중신들도 상대하지 않고 가족들도 냉담하게 돌아서서, 예전의 시녀가 간병해주는 은둔생활 끝에 고독하게 죽었다.

크리스티안 4세의 죽음과 함께 덴마크는 대국의 자리에서 굴러떨어진다.

3
스웨덴 절대왕정의 성립

무위를 떨친 국왕 칼 10세

스웨덴 왕 칼 10세(재위 1654~1660)는 무위武威를 떨친 국왕이었다. 그 무렵 폴란드와 러시아는 3년에 걸쳐 우크라이나 쟁탈전을 계속하고 있었다. 러시아가 강대해지는 것은 스웨덴 입장에서 위협이었고, 또한 폴란드의 바사 왕가에 대한 왕위청구권을 끊지 않으면 안 되었다.

칼은 1655년에 출진해 폴란드로 쳐들어갔다. 이를 본 덴마크의 프레데리크 3세는 스웨덴에 전쟁을 선포했다. 한편 폴란드는 러시아군에게 바르샤바·크라쿠프를 함락당했고 폴란드 왕은 도망쳤다. 러시아는 리보니아에서 폴란드와 휴전했고, 다른 한편 네덜란드는 스웨덴의 성공에 깜짝 놀라, 무역 이권과 통상권 확보를 위해 함대를 파견함으로써 브란덴부르크 선거후選擧侯(신성로마 제국에서 독일 황제의 선거권이 있던 7명의 제후)도 적으로 돌렸다.

칼 10세는 주적 덴마크를 공격하기로 결심했지만 스웨덴에는 함대가 없어 덴마크 본토를 직접 공격할 순 없었다. 그런데 1657~1658년 겨울은 보기 드문 엄청난 한파 때문에 덴마크의 대해협·소해협이 모두 얼어붙었던 해다. 그렇다고는 해도 살짝 얼어 두께는 얇은 얼음이었다. 칼은 빙상으로 진군할 것을 명령했다. 일부 부대는 사람과 말이 함께 깨진 얼음 속으로 떨어졌지만, 거의 전군이 두 해협을 건너 코펜하겐 뒤쪽으로 무사히 진입했다.

대담하기 짝이 없는 스웨덴군의 빙상 도하 작전에 놀라 덴마크군은 전의를 잃고 평화협정을 요청했다. 일본 센코쿠 시대 말기 오다 노부나가의 오케하자마 기습이나 요시쓰네의 히요도리고에 기습 같은 것인데, 스웨덴 사람들은 이 빙상 도하 작전을 꽤나 자랑스러워해 관련된 시와 노래도 만들어졌다.

1658년 로스킬레(코펜하겐 서쪽) 조약에서 덴마크는 스코네·블레킹에·할란드 등을 할양했고 노르웨이로부터 보후슬렌·트론헤임을 할양했다.

덴마크 인구는 이제 스웨덴의 절반으로 감소해버렸다.(당시 스웨덴 인구는 130만 명 정도였다.) 칼 10세는 이 기회에 덴마크를 스웨덴의 속주로 삼을 생각으로, 이듬해 겨울 다시 코펜하겐으로 쳐들어갔다. 이때 덴마크의 저항이 맹렬하기 짝이 없어, 칼 10세의 군대는 물러날 수밖에 없었다. 더구나 네덜란드가 함대를 파견하고 폴란드·브란덴

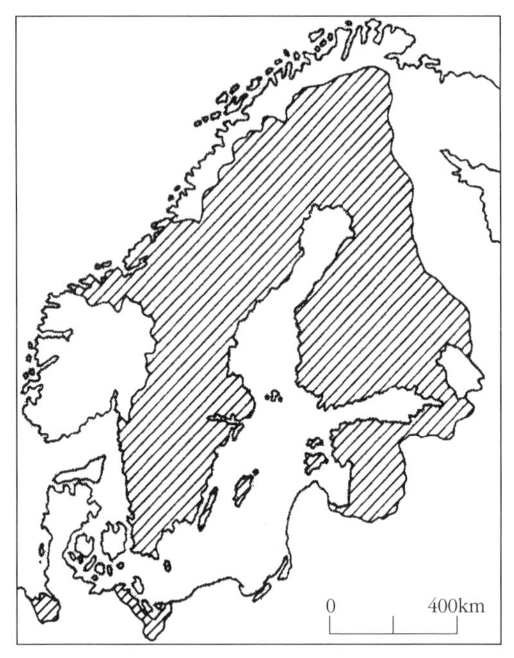

스웨덴의 발트 제국 시대의 최대 판도, 1658년

부르크군이 참전해 스웨덴군은 포메라니아와 폴란드에서 퇴각했다.

칼 10세는 작전을 재고하려 했으나 갑자기 열병에 걸려 스코네 진영에서 죽는다. 1660년, 그의 나이 38세였다.

당시 칼 10세의 아들은 네 살로, 훗날의 칼 11세다. 우선 섭정위원회가 꾸려졌다. 폴란드는 1660년 휴전해(올리바 조약. 스웨덴 왕위청구권 철회) 리보니아는 스웨덴에 할양되었다. 또한 1668년에는 룬드대학과 중앙은행이 창설되었다.

절대왕정의 성립: 칼 11세

칼 11세는 1672년에 국왕이 되었다. 승마와 사냥을 생활의 중심으로 삼은, 전사戰士의 생활에 최대의 관심을 보인 유능한 국왕이었다.

한편 덴마크의 크리스티안 5세는 잇따른 스웨덴과의 전쟁에서 잃었던 영토를 회복할 목적으로 다시 스웨덴에 싸움을 걸었다.(1677년) 이로써 스웨덴과 덴마크의 숙명적인 전투가 재개되었다. 덴마크(노르웨이) 함대는 발트해를 지배하고 있었으므로, 스웨덴군이 셸란섬에 상륙하는 것은 불가능했다.

역으로 덴마크군이 스코네에 상륙·진군해, 스코네는 다시 덴마크 소유가 되는 듯 보였다. 두 나라 군대는 1676년 룬드에서 전투를 벌였는데, 이는 북유럽 전쟁사에서 가장 처참한 전투였다. 이때 스웨덴군이 승리를 거두었다. 현대에 들어와 이 비참한 전투 유적지에 스웨덴·덴마크 공동으로 기념비를 건립했다. 비문에는 "1676년 12월 4일, 같은 형제 국민이 이 땅에서 싸워 서로 피를 흘렸다. 우리 자손들, 그들의 영령을 위해 이 비를 세운다"라고 쓰여 있다.

칼 11세는 전시 중에 원로원의 존재 따위는 완전히 무시했다. 하지만 법과 관습에 따르면 국왕은 원로원과 협의 없이 중요한 문제를 결정할 수 없어 칼은 1680년 원로원에 이 문제를 물었다. 원로원은 "국왕의 충실한 신하는 국왕과 다른 의견을 갖고 있지 않다. 국왕은 신에 대해서만 책임을 갖는 존재"라고 회답했다. 1682년, 칼 11세는 자그마한 문제에 대해서 의회의 동의를 얻지 않고 국왕이 직접 결정하는 법적 조치를 취한다는 뜻을 통보했고, 의회는 이것을 받아들였다. 여기서 덴마크 및 다른 유럽 여러 나라와 마찬가지로, 스웨덴의 절대왕정이 시작되었다. 의회가 국왕의 제안에 모두 동의하게 된 것이다.

그사이에 칼 11세는 토지개혁을 단행하고, 귀족 영유지를 몰수하여 왕의 소유지를 늘렸다. 그는 1697년 41세의 나이로 사망했다. 그 직후 왕궁은 큰 불이 나 하룻밤 사이에 잿더미로 변했다. 새로운 왕궁 건설이 시작된 것은 1700년에 들어서고 나서였다. 현재의 왕궁이 그것이다.

북방전쟁: 칼 12세

칼 12세(재위 1697~1718) 시대에 스웨덴 발트 제국은 몰락하기 시작했다. 칼 12세가 여러 차례 겪은 극적인 전쟁 과정에서 그 경위를 더듬어볼 수 있다. 그는 대국 스웨덴이 붕괴하는, 규모가 작은 '신들의 황혼'을 상징하는 국왕이다.

칼 11세는 죽을 때 15세 소년을 남겼는데, 그가 바로 칼 12세다.

그는 보통 소년이 아니었다. 열두 살 때 이미 근거리에서 곰을 사살할 만큼 대담함을 보였고, 일찍부터 군사적 재능이 있었던 것 같다.

그 무렵은 덴마크에 프레데리크 4세, 폴란드에 아우구스트 2세, 러시아에 표트르 1세(대제)로 역사의 주요 등장인물이 다 모여 있던 시대였다. 그들은 스웨덴 때문에 잃었던 자국의 영토 회복을 노리고 있었다. 그들은 칼 12세가 소년인 틈을 타 즉각 군대를 움직이기 시작했다. 1700년에 먼저 아우구스트가 리보니아로 향했고, 이어서 덴마크가 스웨덴과 동맹하고 있는 홀슈타인 고토르프 공령公領을 공격했다. 또한 표트르는 잉에르만란드에 침입했다. 이리하여 '북방 대전투'가 시작되었다. 칼 12세는 덴마크 본토(셸란섬)에 상륙해, 격렬한 총격 소리를 가리키면서 '이것이 바로 내 음악'이라고 외치며 맹공을 퍼부음으로써 덴마크를 굴복시켰다. 덴마크는 다시는 홀슈타인 고토르프 공령을 공격하지 않을 것과 스웨덴의 적을 돕지 않을 것을 약속했다.

칼 12세는 군대를 돌려 발트해를 건넜다. 여기서 1만 명의 칼 군대는 3만5000이나 되는 표트르의 대군을 무찔렀다. 전쟁사에서 소수의 군대로 대군을 격파한 드문 사례 중 하나다.(스톡홀름의 나르바 거리는 이 승리를 기념하여 이름을 붙인 것이다.)

칼 12세는 방향을 돌려 리가로 향했고 여기서도 승리를 거두었다. 그는 폴란드로 향했다. 진중에 머물고 있던 표트르 1세는 스웨덴의 발트령領에 대해 침공을 시도하려고 북방에 새 도시를 구축하기 시작했다.(상트페테르부르크) 이에 칼 12세는 모스크바로 가서 러시아군을 격파하려 했고, 1708년 그는 4만 명의 군대를 이끌고 북상했다. 이때 러시아군은 훗날 나폴레옹군을 대한 것과 똑같은 작전을 썼다. 도시와 마을과 다리와 식량을 불태워버리고 퇴각한 것이다. 칼 12세는 모스크바 공략을 재고했는데, 사람들은 여기서 그가 모스크바로 직진했다면 아마도 모스크바는 함락되었을 거라고들 한다. 하지만 칼 12세는 신중하게 동방으로 우회하여 모스크바를 공략하려 했다. 그는 우크라이나의 코사크 세력 마제파와 손을 잡았지만 표트르 1세가 재빨리 선수 쳐서 코사크의 반란을 진압했다. 또한 레벤하웁트가 지휘하는 스웨덴 별군別軍은, 가을비가 내리는 험한 길에서 출몰한 러시아군에게 공격당해 심대한 타격을 입고 칼 12세의 주력군에 합류했다.

1708~1709년 유럽에는 기이할 만큼 엄청난 한파가 닥쳤다. 스웨덴군은 엄청나게 많이 얼어 죽어 눈 속을 행군하는 군대 뒤에는 병사들의 시체가 즐비했다. 스웨덴군은 1만4000명으로 그 수가 줄었다.

1709년 여름, 스웨덴군은 폴타바를 공격했다. 거기에 표트르 1세의 러시아군이 도착했는데, 4만5000명의 대군이었다. 표트르 1세는 나르바에서 대패한 경험을 한 터라 화포火砲를 충분히 준비해서 왔다. 이때 칼 12세는 발을 다친 데다 장군들은 그의 작전 명령을 잘 이해하지 못하여 사태를 더욱 악화시켰다. 스웨덴군은 패배했다. 칼 12세는 군대 일부를 이끌고 남방으로 퇴각했으며, 레벤하웁트 장군에게 스웨덴군(이제 9000명으로 줄어 있었다)을 이끌고 우회하여 퇴각하라고 명령했다. 그러나 이미 스웨덴군은 붕괴되기 시작했고, 레벤하웁트는 남은 병사들과 함께 전군이 항복했다. 칼 12세는 흑해 연안을 남하하여 오스만튀르크령으로 들어갔다. 그는 여기서 술탄의 빈객으로 머물렀다.(오스만 제국은 러시아의 숙적이었고, 표트르 대제는 오스만튀르크령으로 남진하기 시작했다.)

스웨덴군이 패배했다는 소식을 들은 덴마크와 폴란드는 복수의 기회가 왔음을 확신했다. 폴란드는 아우구스트 2세의 복위復位를 선언했고, 덴마크는 스코네에 군대를 들여보냈다. 칼 12세가 신임하는 스텐보크 장군과 덴마크군이 충돌했다. 이는 1710년의 헬싱보리 전투로, 덴마크군이 패퇴하여 본토로 철수했다. 그 뒤 덴마크는 두번 다시 스코네로 출진하는 일이 없었다.

러시아의 대두

칼 12세는 5년간 오스만 제국에 머물렀다. 이사이에 그는 술탄을 움직여 러시아에 전쟁을 선포하게 했다. 이때 오스만튀르크군은 표트르 대제의 대군을 포위하는 승기를 잡았다. 표트르 대제는 절체절명의 위기에 빠졌다. 튀르크군은 표트르가 내놓은 대량의 금화와 바꾸는 조건으로 그의 목숨을 살려주고 포위를 풀었다.

이는 오스만 제국 입장에서는 치명적인 잘못이었다. 그 뒤 표트르 대제뿐만 아니라, 예카테리나 여제로 이어지는 '러시아의 남진' 때문에 오스만튀르크는 우크라이나·캅카스·발칸의 영토를 잇따라 빼앗기고, 거의 망국 직전까지 내몰렸기 때문이다.

그 뒤 표트르 대제는 군대를 이끌고 핀란드로 향했고, 에스토니아와 리보니아도 공략해 스웨덴은 위기에 직면했다. 또한 그 무렵 술탄은 성가신 빈객 칼 12세 처리 문제를 놓고 난처해하고 있었다.

칼 12세는 결심했다. 1714년 겨울, 어떤 역경에도 굴하지 않는 그는 종자 한 명을 데리고는 말을 타고 유럽 횡단길에 올랐다. 무려 2000킬로미터를 옷을 벗는 일도 없이 거의 밤낮으로 말을 달려 14일 만에 주파해 슈트랄준트에 도착했다.

그러나 이 무렵 스웨덴은 이미 발트해 대안對岸의 영토를 모두 잃었고, 핀란드에서는 러시아군이 날뛰고 있었다. 칼 12세가 15년간의 전쟁 뒤에 귀국했을 때 국민은 평화를 갈구하고 있었으나 공교롭게도 흉년이 이어졌고 페스트가 유행했다(사망자는 7만 명이었다고 한다). 국고도 텅 비어 있었다. 그러나 칼 12세는 새로 군대를 편성해 5만의 군사를 이끌고 덴마크로부터 노르웨이를 빼앗고자 크리스티나니아(오슬로)로 향했다.

어느 날 밤 칼 12세는 국경 할덴 전선에서 전황을 시찰하러 나갔다. 그때 한 발의 총성이 울리며 칼 12세의 머리를 관통했다. 그것은 스웨덴 대국의 시대가 끝났음을 알리는 총성이었다.

국립미술관에 구스타브 세데르스트룀이 그린 유명한 그림 「칼 12세 유체 송환」이 소장돼 있다. 들것에 실린 칼의 유해를 병사들이 짊어지고 군기軍旗와 함께 스웨덴으로 귀환하는 그림이다.

칼 12세의 죽음에 대해서는 아직까지도 아군 병사에게 저격당한 게 아닌가 하는 설이 뿌리 깊이 퍼져 있는데, 1960년대에 들어와 스웨덴 전문 의학자들이 유체를 파내서 조사한 결론은, 뭐라고도 단정할 수 없다는 것이었다. 총탄은 후방 아군 쪽에서가 아니라 전방에서, 더구나 20미터 거리에서 발사된 것이라고 한다.

칼 12세에 대한 역사적 평가는 어렵다. 스톡홀름의 오페라 극장 안쪽 공원에 칼 12세의 동상이 있는데, 오른손은 멀리 러시아 하늘을 가리키고 있다. 그는 과묵해서 명령할 때조차 거의 설명을 하지 않았다.(이 점과 격렬한 성격이 오다 노부나가와 닮은 데가 있다.) 그는 평생 독신으로 전쟁터를 누비고 살면서 스웨덴을 파멸로 몰아넣었지만, 어쨌든 신념을 갖고 산 전란戰亂의 국왕이었다. 1721년 뉘스타드 조약을 맺고 스웨덴은 에스토니아·리보니아·잉에르만란드·카렐리야의 대부분을 러시아에 할양했다.

이제 러시아가 발트해의 패자였다.

로코코 시대

1
고난의 덴마크 국왕들

스웨덴의 위협

덴마크는 크리스티안 4세 때부터 숙적 스웨덴과의 잇따른 전쟁에서 패배했고, 또 한두 명을 제외하면 뛰어난 국왕이 나오지 않았으며, 비극적인 미치광이 왕 크리스티안 7세 때의 나폴레옹 전쟁 무렵부터는 파국으로 치닫는다.

우선 프레데리크 3세(재위 1648~1670)가 크리스티안 4세의 뒤를 이었다. 그에게 스웨덴이 강대해지는 것은 간과할 수 없는 위협이었기에 덴마크는 스웨덴과 전쟁을 벌였다. 그러나 칼 10세가 얼어붙은 해협을 진격하여 기습한 작전에 걸려 패함으로써 남스코네 대부분을 잃고 말았다. 더구나 그 뒤 칼 10세가 조약을 파기하고 수도 코펜하겐을 포위하는 지경까지 되어, 수도 시민들이 죽을 각오로 싸워 간신히 스웨덴군을 격퇴했다.

한편 프레데리크는 그 뒤 귀족 세력을 꺾고, 국민의회의 동의를 얻어 절대왕정을 여는 데 성공했다. 덴마크 역사의 불가해한 점은, 이렇게 종교개혁이든 절대왕정이든 훗날의 자유헌법이든 유혈을 동반하지 않고 대변혁이 이루어졌다는 것이다.

프레데리크를 이은 인물은 크리스티안 5세(재위 1670~1699)다. 선량했지만 범용凡庸한 국왕이었다. 다만 덴마크 전 국토에 적용된 통일법을 만든 것은 업적이라 해도 좋았는데, 스웨덴과의 사투는 여전히 이어졌다.

크리스티안 5세는 스코네에 군대를 진군시켜 스웨덴군과 룬드에서 싸웠다. 처참한 전투였다. 더구나 덴마크군이 거의 승리를 움켜쥐려 하던 마지막 순간에 스웨덴군의 기병부대가 돌격해와서 대패하고 말았다.

크리스티안은 크론보르 성(햄릿 고성古城)의 해협에 면한 창문을 모두 닫게 했다고 한다. 지호지간指呼之間에 보이는 대안對岸의 푸른 스코네, 일찍이 덴마크의 영토였던 풍요로운 곡창지대가 이제는 완전히 스웨덴 차지가 되어버린 현실을 도저히 인정할 수 없었던 것이리라.

이윽고 프레데리크 4세(재위 1699~1730)의 시대가 열렸고, 이 국왕 역시 스웨덴 때문에 격렬한 타격을 입었다. 프레데리크 4세는 표트르 대제·아우구스트 2세와 동맹을 맺고 스웨덴에 대항했지만, 칼 12세는 먼저 덴마크를 격파해버린다. 북방 대전투가 시작된 것이다. 군사 천재 칼 12세의 등장이었다.

칼 12세가 폴타바에서 패배한 것에 호응하여 프레데리크 4세는 다시 군대를 일으켰지만, 스웨덴의 스텐보크 장군 때문에 막대한 손해를 입고 만다. 덴마크는 더 이상 스웨덴에 도전할 힘을 잃어버렸다.

코펜하겐 북방의 이궁離宮 프레덴스보(평화궁平和宮) 건설은 북방 대전투 후에 평화를 구하는 덴마크 국민의 바람을 담은 것이다.

그린란드의 재발견

이 무렵 그린란드의 재발견이 이루어졌다. 일찍이 985년에 노르웨이 바이킹들이 이주한 뒤, 그린란드의 바이킹들과는 연락이 끊긴 채로 있었다. 그 뒤 남단의 동부와 서부에 수천 명 규모의 식민지가 생긴 모양이었지만, 1500년 무렵부터 소식이 완전히 끊겼다. 이따금 난파선에 탔던 이들이 금발의 북유럽인을 만났다는 이야기를 가지고 돌아오는 정도였다.

여기서 1721년, 한스 에게데 목사 부부가 바이킹 자손들을 찾고 아울러 기독교를 포교할 목적으로 그린란드로 향했다. 그러나 에게데 부부는 북유럽인을 발견할 수 없었다. 바이킹 자손들은 가혹한 추위에 단 한 명도 살아남지 못했던 것이다. 에게데는 이누이트들에게 기독교를 전도한 이로 역사에 이름을 남기게 되었다. 그러나 이 무렵부터 북대서양의 포경업이 일어나, 서유럽 각국의 포경선이 다시 그린란드와 접촉하기 시작했다.

이사이 프레데리크의 아들 크리스티안 6세(재위 1730~1746)가 왕위에 오른다. 그러나 어두운 시대였다. 해운이나 공업이 발전하기 시작했으나 그다지 특기할 만한 일은 없었다.

뒤이은 프레데리크 5세(재위 1746~1766)는 극장을 중심으로 문화 활동에 힘을 쏟은 것으로 알려졌다. 당시 고전문학의 대표 주자로 덴마크의 몰리에르라 불리는 문호 호르베아(1684~1754)가 활약했다. 프레데리크 5세는 통상에도 신경을 썼다. 또한 요한 베른스트로프라는 유능한 외교장관이 있어 대외관계에서 덴마크의 안전을 잘 확보했다. 특히 예카테리나 여제의 러시아와 우호관계를 유지하는 데 수완을 발휘했다.(코펜하겐에 그의 이름을 딴 대로가 있다.)

비극적인 미치광이 왕 크리스티안 7세

자, 이제 덴마크 국왕 가운데 가장 불쌍한 국왕과 그 왕비의 비극을 살펴볼 때가 되었다. 미치광이 왕이라 하면, 유명한 바이에른의 루트비히 2세가 있는데, 그러나 지나친 로코코 취미나 사람을 싫어하여 꺼리는 경향, 또 세기말에 있어서 루이 왕조에 대한 동경과 모방 의지와는 달리, 이쪽은 본격적인 정신분열증의 징후를 보였던 국왕이다.

덴마크 경제 산업과 문화의 여명기인 18세기 말에 일어났던 소설 같은 비극이었다.

프레데리크 5세의 아들인 크리스티안 7세(재위 1766~1808)는 체구가 작고 바싹 말라서, 어린 시절부터 어딘지 조금 이상한 데가 있었다. 왕위에 오른 크리스티안 7세는 곧 영국 왕 조지 3세의 여동생 마틸다(15세)와 결혼했다. 그녀는 사내아이를 낳았다. 그러나 이 무렵

크리스티안 7세

마틸다

부터 국왕은 마틸다를 무시하기 시작했다.

그럼에도 부부는 영국과 프랑스로 여행을 했는데 이때는 별로 특별한 일이 없었다. 그러나 귀국한 뒤 명백히 이상한 행동이 눈에 띄기 시작했고, 마침내 국왕의 업무를 볼 수 없을 정도까지 진행되었다. 여기서 독일인 시의侍醫 프리드리히 슈트루엔제가 등장한다.

그는 직업상 국왕의 건강 상태를 알아차렸고 다른 한편 이전보다 왕비와 접할 기회가 더 많아졌다. 이내 왕비 마틸다와 슈트루엔제는 사랑에 빠지는 데다 슈트루엔제는 급속도로 자기 재능을 드러내게 되었다. 그는 어쩌면 원래부터 정치에 강한 관심을 갖고 있었는지도 모르는 인물로, 덴마크 국정을 뜯어고치는 데 열중했다.

어느새 국왕의 비서실장 역을 맡게 된 슈트루엔제는 국가의 모든 중요 문서를 볼 수 있었고, 그의 서명이 없으면 국왕 명의로 된 문서조차 유효하지 않은 상태까지 되어버렸다. 그는 자신이 덴마크어를 배우는 게 아니라, 궁정 용어로 독일어를 사용하도록 했다. 슈트루엔제는 대외 문제에는 무관심했지만 국내 정치 분야에서는 정력적으로 일했다. 복잡한 관료 조직을 정비하고 새로운 법률과 칙령을 잇따라 구체화했다. 결코 나쁘지는 않은 정치였다.

그 자신은 정직한 사람이었던 듯해, 왕궁 곁의 작은 저택에 살며 재산을 축적하지도 않았다. 하려고만 들면 직권을 이용해 얼마든지 할 수 있는 상황이었다. 그는 열정을 갖고 성실하게 덴마크를 위해 노력했다고도 말할 수 있다. 다만 왕비와의 연애 사건이 그의 파멸을 불렀다. 그리고 마틸다가 조금 더 현명했다면 아마도 비극은 일어나지 않았을 것이다. 그녀는 덴마크 왕궁 안에 사는 영국인이었던 반면 슈트루엔제는 독일인이었다. 어쩌면 각자 외국인으로서 느끼던 정신적 고독으로 인해 두 사람은 광기 어린 사랑으로 치달았는지도 모른다.

1771년, 슈트루엔제는 국무총리라고 할 수 있는 직책에 올랐다. 그는 자신을 백작伯爵으로, 친구 브란트를 귀족으로 만들었다. 그러나 이 무렵부터 국민 사이에 시의 슈트루엔제와 왕비 마틸다의 불륜에 대한 소문이 떠돌기 시작했다. 귀족들 사이에도 불안한 기운이 감돌았고, 국왕은 유폐되어 학대당하고 있는 것 같다는 추측도 나왔다. 마틸다의 처신도 어리석었다. 슈트루엔제가 다닐 비밀 연락용 계단을 만들거나, 숨겨야 할 추문을 오히려 자랑스럽게 암시해 보이거나 했다. 때로는 남장 승마복을 입고 슈트루엔제와 전원에 있는 로코코식 이궁에 가기도 했다. 게다가 마틸다가 낳은 둘째 딸은 슈트루엔제를 빼닮았다.

마침내 파국이 도래했다. 1772년 1월 17일 왕궁에서 가장무도회가 열릴 때, 슈트루엔제는 체포되고 마틸다는 크론보르 성으로 보내졌다. 주모자들은 국왕에게 억지로 서류에 서명하게 한 뒤 밤이 되자 성 밖으로 국왕을 데리고 나갔다. 국민은 국왕의 행렬에 환성을 질렀다. 그러나 크리스티안 7세의 눈에 비치는 바깥 풍경은 아무런 의미도 없는 것이었다.

슈트루엔제는 반역죄로 처형되었다. 그를 도왔던 친구 브란트 또한 목이 날아갔다. 더욱이 슈트루엔제를 처형한 방법이 잔혹했다. 글자 그대로 참수한 뒤 갈기갈기 찢었다. 이는 덴마크 국민의 강렬한 증오

1772년 4월 28일에 집행된 슈트루엔제의 공개 처형 장면

를 표현한 것이었는지 모르겠지만, 서유럽 각국은 중세시대에나 있을 법한 이 참혹한 처사를 비난했다. 조지 3세는 품행이 나쁜 죄를 범한 여동생이 영국으로 돌아오는 것을 허락하지 않았다. 그녀는 하노버로 갔고 거기서 4년간 머무른 뒤 죽음을 맞이했다.

이것이 미치광이 왕 크리스티안 7세의 비극인데, 당연한 이야기겠지만 덴마크인은 이 국왕과 왕비 이야기가 나오면 매우 불쾌해한다. 덴마크인과 이야기할 때는 이 국왕에 대해서 언급하지 않는 편이 좋다.

참고로 덧붙이자면, 북부 셸란섬의 이궁이었고 현재는 역사박물관인 프레데릭스보르 성, 코펜하겐의 로센보르 성에도 크리스티안 7세의 초상화가 있다. 또한 국립박물관에는 슈트루엔제와 브란트를 처형하는 장면을 담은 판화가 있다.

2
스웨덴의 자유 시대

하타르 당과 뫼소르 당

스웨덴의 칼 12세(재위 1697~1718)는 독신이었기 때문에 후계자는 그의 여동생 울리카 엘레오노라(재위 1718~1720)가 되었다. 엘레오노라는 2년 뒤 왕위를 남편 헤센 공公(독일인)에게 양위했는데, 그가 바로 프레드리크 1세(재위 1720~1751)다. 그리고 전란 뒤에 절대군주정은 불신의 대상이 되었던 터라 새로운 기본법의 제정을 조건으로 프레드리크 1세가 후계 왕위에 올랐다. 이리하여 1730년 통치법이 제정되어, 왕권은 극도로 제한되고 절대왕정은 폐지되었다. 국왕은 원로원의 의사에 따르고, 원로원은 신분제 의회의 의사를 존중하게 되었다. 따라서 스웨덴 역사는 이 이후를 '자유 시대'라 부른다.

여기에 아르비드 호른 재상(칼 12세의 근위병 대장이었다)이 이끄는

'나트 뫼소르 당'(취침모자nightcap라는 뜻인데, '뫼소르' 당이라고 줄여서도 말한다. 잠자고 있는 것처럼 태만하여 국익을 무시하고 있다는 풍자의 뜻이 있다)과, '하타르 당'(차양이 달린 모자라는 뜻. 뫼소르에 짝을 이루어 이름을 붙였다) 두 당파가 자유 시대 내내 서로 싸우게 된다. 이들은 아직 근대적 정당과는 거리가 멀었다.

북방 대전투로부터의 회복은 의외로 빨랐다. 뫼소르 당 호른의 정책도 적정適正했고, 해운·무역·공업을 장려했으며, 인도·중국과의 무역에서는 동인도회사를 설립했다. 철광 수출도 늘었다.

또한 1734년에는 1400년대부터 이어지고 있던, 망누스 에릭손의 일반법을 대신하는 신법을 시행했다(기본법은 공법公法, 일반법은 사법私法을 가리킨다. 일반법은 수정·확대되었지만, 현재도 그 상당 부분이 유효하다).

호른은 이윽고 친러시아파라는 소문 때문에 실각한다. 당시에는 친러시아라는 딱지가 붙으면 치명적이었다. 그리고 친프랑스파인 하타르 당 세력이 커졌다. 그들은 반러시아파였고, 윌렌보리가 재상이 되자 새 정부는 프랑스의 요청에 따라 대러시아 복수전을 개시했으나(1741), 패전하여 핀란드 동남부를 잃었고 파견군의 3분의 1밖에 귀국하지 못했다. 그러나 하타르 당은 어찌어찌해서 국민의회를 돌파하고, 뫼소르 당이 러시아 공사의 영향 아래에 있다는 소문을 흘려, 국민의 애국적 분위기를 조성한 뒤 정권을 유지할 수 있었다.

반성을 한 하타르 당은 이제 국방과 국내 복지에 힘을 쏟았다. 이는 원래 호른의 정책이었다. 하타르 당은 중상주의 정책을 취하여 무역과 산업을 장려했다. 가내공업도 발달했고, 철광 수출도 전 생산량의 3분의 1에 달했다. 바야흐로 다각적인 산업이 꽃을 피우고 있었다.

7년 전쟁의 여파와 두 당파의 투쟁

1751년 프레드리크 1세는 세자 없이 죽었다. 그러나 후계자는 이미 정해져 있었다. 독일인인 홀슈타인 고토르프 공작(아돌프 프레드리크, 재위 1751~1771)이다. 여기서 홀슈타인 고토르프 왕조가 시작되었으며, 이것은 하타르 당의 오랜 바람이기도 했다. 실제로 그 때문에 하타르 당을 홀슈타인 당이라고 부르는 사람도 있었다. 그 왕비 로비사 울리카는 프로이센의 프리드리히 2세의 여동생으로, 아름답고 총명했다.

하타르 당은 프랑스에서 정치 자금을 받고 있었다. 말하자면 그 덕분에 정권을 잡을 수 있었던 것인데, 그런 까닭에 7년 전쟁(1756~1763)이 일어나자 프랑스 편에 서서 프로이센에 군대를 보냈다. 그러나 아무런 소득도 없이, 그저 병사들이 처음으로 감자를 가지고 돌아왔을 뿐이었다.(이 때문에 '감자 전쟁'이라고도 불렀다.) 게다가 국가 재정이 매우 어려워져 늘 그렇듯이 통화 발행을 늘리고 화폐를 다시 찍어냈으며 구매력은 떨어져 국민은 생활고에 시달려 불만이 늘어갔다.

이리하여 1765년 하타르 당은 퇴장하고 뫼소르 당이 다시 등장했다. 더구나 뫼소르 당이 처음에 취했던 보수적 정책과는 달리 이번에는 개혁적이었다. 물론 이것은 하타르 당도 대동소이했기 때문에 하타르 당과의 차이는 외교 정책에서 나타났다.

그들은 하타르 당의 적 러시아에 대하여 친러시아 정책을 취했던 것이다. 이번에는 러시아에서 정치 자금이 흘러들어왔다. 그 결과 뫼소르 당은 러시아 공사의 의견을 듣지 않고는 어떤 일도 결정할 수 없게 된다. 바야흐로 스웨덴은 러시아의 속국처럼 되어갔다. 그러나 국내 정치에서는 농지 개혁을 시작해 농업 개량에 성과를 올렸다. 미국에서 유럽으로 건너온 감자가 스웨덴에 들어와 재배되기 시작한 것도 이 무렵이다.

뫼소르 당은 통화 정책의 실패로 요새로 치면 디플레이션 경제가 와서 1769년 퇴장했고, 다시 하타르 당이 정권을 잡게 되었다. 그러나 두 당파 사이의 투쟁이 격렬해져 이윽고 '자유 시대'는 종국을 맞이했다.

두 당파가 싸웠던 때는 부패하고 타락한 정치의 시대였다. 스포일스 시스템spoils system(엽관제獵官制)과 뇌물이 공공연해졌고, 두 당이 각각 외국에서 정치 자금을 받고 있었다. 하타르 당을 위해 프랑스는 1765년에 200만 다레라 은화를 지출했고, 영국·러시아·덴마크는 뫼소르 당을 위해 300만 다레라 은화를 지출했다고 알려져 있으며, 러시아 공사는 3명의 사제 대표를 5만 다레라 은화로 매수했다고 한다.(스웨덴 중앙은행의 조사에서 1다레라는 42크로놀에 해당된다. 따라서 현재로 치면 각각 210억, 320억, 5억3000만 원이다.—옮긴이)

쇄국 정책을 펴고 있던 일본을 유럽에 소개하고 『일본 식물지Flora

Japonica』를 펴낸 것으로 유명한 스웨덴의 식물학자 툰베리(1743~1828, 린네의 제자)가 도쿠가와 막부 체제를 찬미한 이유는, 부패하고 타락한 모국의 정치와 비교했을 때 일본은 그 나름의 봉건적 질서를 유지하고 있는 것을 아름답게 여겼기 때문이다.

그러나 '자유 시대'는 문화와 학술 방면에서는 위대한 시대이기도 했다. 섭씨 온도 눈금을 제창한 셀시우스(1701~1744), 『자연의 체계 Systema naturae』로 유명한 식물학의 왕 칼 폰 린네(1707~1778), 신비주의 종교가 에마누엘 스베덴보리(1688~1772) 세 사람의 이름을 드는 것만으로도 충분할 것이다.

3
화려한 문화왕: 구스타브 3세

스웨덴의 로코코와 구스타비안 스타일

1771년 아돌프 프레드리크가 사망했다. 구스타브 3세(재위 1771~1792)는 파리에 있다가 급히 귀국해, 왕권의 부활과 확대를 꾀한다. 농민은 전통적으로 왕당파였고, 경제는 불황에 빠져 있었다. 또한 국민이 정당 간의 다툼에 질려 있었던 상황도 그의 편이 되어주었다.

1772년 8월 19일, 국왕은 근위병 연대를 이끌고 쿠데타를 일으켜 성공했다. 당시 러시아와 프로이센은 폴란드 분할로 바빠 국제 정세에 간섭할 여유가 없는 상태였다. 4계급 의회를 해산하고 새로운 통치법을 제정하여 왕권을 강화했다.(1772년)

구스타브 3세는 구스타브 바사를 존경하고 구스타브 아돌프 2세를 동경하여, 구스타브라는 영광스런 이름을 자랑스럽게 여겼다. '자유 시대'는 끝나고 스웨덴 역사상 새로운 시대가 시작되려 했다. 그러나 정치적으로는 '구스타비안 절대주의'의 시대였다.

스웨덴에게는 우방이 있었으니, 바로 프랑스였다. 프랑스 정부는 상트페테르부르크나 베를린, 코펜하겐의 대사大使를 통해서, 스웨덴에 대한 공격을 프랑스에 대한 공격으로 간주할 것이라는 의사를 통고했다.

구스타브 3세는 그때까지 자행되어왔던 고문을 금지했다. 또 뫼소르 당이 손대고 있던 언론자유법을 성문화하고 이것을 법률로 만들었다. 병원과 고아원도 설립했다. 또한 군비 증강에도 힘을 쏟아 26척의 군함을 만들어 물에 띄웠다. 그러나 무엇보다 구스타브 3세의 시대는 화려한 궁정 문화 시대였다. 왕 스스로 문화활동에 참가했고, 드로트닝홀름 궁전 등에서 화려한 문화활동을 벌였다. 베르사유 궁정 문화를 모방했고 특히 극장이 각광을 받았다. 학술이 발전한 '자유 시대'에 비해 예술활동이 왕성한 시대였다.

구스타브 3세는 국내의 시인·예술가를 모으고, 그들을 장려하며 원조했다. 1786년에는 스웨덴 아카데미를 창설했다. 또한 오페라 극장을 건설했다. 칼 벨만(1740~1795)의 시와 음악이 일세를 풍미했다.

이 시대는 로코코 시대이기도 했는데, 구스타브 3세의 시대는 특히 '구스타비안 스타일 시대'라 불렸다. 선과 고식古式을 강조한 풍조가 유행했다. 요한 토비아스 세르겔(1740~1814)이 이 시기 스웨덴을 대표하는 조각가였는데, 스톡홀름에 지금도 남아 있는 구스타브 3세의 동상은 그의 걸작으로 알려져 있다.

드로트닝홀름 궁전離宮

스톡홀름 서쪽 교외에 있는 섬에 드로트닝홀름 궁전이 있다. 북유럽의 베르사유라 불리는데, 호수에 둘러싸인 모습이 아름답고 정원 또한 훌륭하다. 지금은 왕가의 여름 이궁 등으로 사용되고 있으며, 대부분 대중에게 개방되어 있다.

드로트닝홀름 궁전 자체는 니코데무스 테신이 설계해 1662~1686년에 건축되었다. 테신은 동시에 바로크식 정원의 주요 부분도 설계했다. 그 외에 중국식 정자Kina Slott와 왕궁 교회 등도 있었는데 극장도 그중 하나다. 극장은 1764~1766년 아델크란츠가 설계하여 건축된, 루이 16세 양식에 400명가량을 수용하는 곳으로, 오래되고 낡아서 1921~1922년 대대적으로 수리·복원했다. 로코코의 우아한 아름다움과 섬세함을 간직한 신고전주의 양식이라고들 하는데, 여기서 매년 여름 18세기 말 프랑스 고전 연극이나 모차르트의 오페라 등이 상연된다.

구스타브 3세는 이 궁전을 각별히 사랑하여, 프랑스 및 스웨덴 일류 연극과 가수·음악가를 불러서 오페라나 연극을 상연했다. 국왕이 죽은 뒤에도 이 극장은 계속 해서 18세기 연극이나 오페라를 상연했고, 1922년에는 구스타브 3세 왕권 확립(절대왕정의 부활) 150주년 기념 공연을 상연했다. 이 극장은 주로 국내외의 오페라·연극 애호가들 사이에 알려져 있는데, 스웨덴 정부는 외국의 주요 인사나 국빈이 내방했을 때 극장 관람과 연회의 장소로 삼고 있다.

이 극장이 국제적으로 알려진 이유는 여기서 상연하는 고전 오페라·연극도 한몫했겠지만, 또 한 가지는 오케스트라 연주자들이 18세기 복장과 가발을 차용하여 옛 극장의 분위기를 한껏 낸다는 점에 있을 것이다. 상연 개시를 알리는 방송 대신 18세기 복장에 가발을 쓴 소년이 손에 든 방울을 흔들어 소리 내며 극장을 도는 가

1770년대의 드로트닝홀름 궁전

운데 알린다. 나는 국제회의 때 초대를 받아 모차르트의 「후궁으로부터의 도주」를 여기서 즐겼다. 그때의 훌륭했던 가수의 표정과 목소리·복장, 오케스트라의 연주 등 갖가지 기억이 지금도 선명하다. 북유럽의 어느 여름날 밤, 이곳을 찾은 사람은 틀림없이 현란한 18세기 구스타브 3세의 문화예술 시대를 문득 그리워할 것이다.

구스타브 3세의 치세는 모두 순조롭게 진행되는 것처럼 보였다. 그의 인간적인 매력은 국민 사이에서 인기가 높았다. 그는 이미 절대 군주였다. 원로원을 무시했고 의회는 거의 열리지 않았으며, 1774년 신언론법을 통해 반대파의 입을 다물게 했다. 귀족들은 '자기네 존재는 영광스런 국왕의 권위를 높여주는 장식품에 불과하다'고 생각했다. 그러나 경제 상황은 악화되는 중이었다.

가면무도회와 암살

대외적으로는 프랑스뿐만 아니라 러시아와도 일단 우호관계에 있었다. 숙적 덴마크는 고립되어 있었다. 시대는 미국의 독립전쟁이 진행되고 있을 무렵이었고, 프랑스 혁명을 앞두고 동요되던 때였다. 그리고 구스타브 3세는 발트해에서 영광을 누리던 과거로 생각이 달리고 있었다.

그는 덴마크를 공격하기 위해 러시아에 중립을 요청했으나 거부당했다. 프랑스는 혁명 직전의 긴장 상황이라 스웨덴을 원조할 처지가 아니었다. 러시아와의 관계는 악화되었다. 러시아 공사로부터 나온 정치 자금은 반대파에게 흘러들어갔다.

그런데 러시아와 오스만 제국 사이에 전쟁이 터졌다.(1787년) 구스타브 3세는 기회가 왔다고 생각했다. 때마침 국경에서 코사크 기병 발포 사건이 일어났고 구스타브 3세는 핀란드 영토의 반환을 요구했다. 물론 거절당했다. 1788년 여름, 구스타브 3세는 핀란드에 스웨덴군을 상륙시켰고 전투가 확대되었다. 그러나 일부 귀족은 전쟁에 반대하며 러시아와의 평화활동을 펴기도 했다.

국왕은 1789년 국민의회에서 사제·시민·농민을 제 편으로 끌어들여 귀족을 고립시키고 절대왕정을 완성했다.

구스타브 3세는 이 무렵 일어난 프랑스 혁명이 북유럽에 파급되는 것을 두려워했다. 그는 반혁명 십자군을 계획하기도 했지만, 다른 나라들은 그다지 관심을 보이지 않았다. 귀족들은 이사이에 국왕 암살 계획을 세우고 있었다. '폭군을 쓰러뜨리고, 자유를 회복하자'고 주장하는 일부 귀족이 은밀히 암살단을 조직했다.

한편 그 와중에 갑자기 덴마크가 러시아의 원조를 받아 간섭干涉 전쟁을 일으켰다. 구스타브는 곤경에 처했음에도 단호하고 신속하게 행동했다. 그는 국민의 애국심에 호소하여 덴마크에 반격을 가했다. 동시에 1790년, 스웨덴 함대는 핀란드만에서 러시아 함대에 대승을 거두었다. 러시아 함대 3분의 1을 격침시킨 것이다. 예카테리나 여제는 휴전할 뜻을 보였고, 프로이센과 영국이 조정에 들어가 정전停戰이 되었다. 러시아와 스웨덴 양쪽 모두에게 이익도 손실도 없이 무승부의 형태로 끝났다.

그러나 결과적으로 구스타브 3세의 지위와 권위가 올라갔다.

1792년 3월 16일 밤, 오페라 극장에서 가면무도회가 열렸다. 암살의 위험을 경계해야 한다는 목소리가 있었지만 국왕은 신경 쓰지 않았다.

그는 가장假裝하고 왈츠를 추는 자리에 들어갔다. 순식간에 그는 검은 가면을 쓴 몇 사람에게 둘러싸였다. 그리고 총성이 울렸다. 국왕은 등에 총을 맞고 중상을 입었다. 치명상은 아니었지만, 2주일 뒤 합병증으로 구스타브 3세는 목숨을 잃었다. 그의 나이 46세였다. 범인은 앙카르스트룀이라는 전 근위사관으로, 개인적으로도 국왕에게 원한을 품고 있었던 자였다. 그러나 배후는 밝혀지지 않은 채 끝났다.

구스타브 3세를 높이 평가하는 사람은 많다. 그의 인품과, 그가 다스리던 시절 빛나던 문화·예술의 활기를 이유로. 그러나 그 문화·예술 애호의 천박함과 자기 과신을 들어 도리어 이를 깎아내리는 사람도 많다.

구스타브 3세의 암살은 당시 서유럽 나라들에 충격적인 사건이었다. 베르디의 「가면무도회」(1859)는 이 사건을 오페라로 만든 것이다.

비운의 국왕: 구스타브 4세 아돌프

구스타브 3세의 아들은 아직 13세였다. 당분간 섭정단이 꾸려졌고, 1796년 친정親政을 폈다.(재위 1792~1809) 그는 그렇게 나쁘지 않은 국왕이었지만 불행히도 부왕 구스타브 3세의 개인적·인간적 매력을 이어받지 못했다. 이로써 스웨덴 역사에서 어두운 시기가 되었다. 앞 시대가 밝고 화려한 문화 시대였던 것의 반동이었다. 더구나 흉년이 이어져 농민 봉기가 일어나는 등 재정과 경제도 좋지 않았다. 그는 새로운 토지세를 중심으로 삼은 재정 개혁안을 국민의회에 상정하고, 발트해 연안의 스웨덴령 비스마르를 저당잡히는 등의 방식으로 재정을 재건하려 노력했다.

프랑스 왕가와 친밀했던 구스타브 3세와 마찬가지로, 구스타브 4세도 혁명을 증오했고 또한 그 속에서 등장한 나폴레옹을 혐오했다. 그는 프랑스에서의 도서 수입을 전면 금지했다. 그리고 나폴레옹을 황제로 인정하지 않았다.

그러나 나폴레옹 전쟁이 일어나고 프랑스와 영국의 싸움이 격렬해짐에 따라 소국 스웨덴은 거취를 망설이게 된다. 구스타브 4세는 영국에 붙기로 결정했다. 단순히 나폴레옹에 대한 혐오에서만은 아니었다.

스웨덴의 해상 무역은 영국 함대가 생명줄을 쥐고 있었고, 또 영국은 스웨덴 최대의 무역 상대국이었다. 영국에 적대하는 것은 해상 무역로를 차단하는 일이고, 무역이 완전히 무너지는 것을 의미했다. 더구나 영국은 러시아와 우호관계에 있었다. 영국과 우호적인 관계를 유지하는 한 동방(러시아)의 위협도 없으리라 생각했던 것이다.

그러나 여기서 사태가 싹 바뀐다. 나폴레옹이 알렉산드르 1세와의 대화를 통해 러시아를 대륙 봉쇄 동맹(1806~1814년. 러시아는 1810년에 이탈)에 끌어들인 것이다.(1807년 틸지트 조약. 러시아에 핀란드 처분을 인정했다.) 이제 러시아는 스웨덴의 적국이 되었다. 구스타브 4세는 그럼에도 영국 쪽에 섰고 러시아와의 우호관계도 유지하려 시도했다. 하지만 대륙 동맹에 참여하는 것은 거부했다. 러시아군은 핀란드 남부에 침입했고(1808) 또 덴마크가 러시아와 호응하여 스웨덴을 공격할 태세를 보였다. 핀란드의 스웨덴·핀란드군은 대패한 뒤 1809년 프레드릭스함(하미나) 협정이 체결되었다.

가혹한 조약이었다. 스웨덴은 핀란드 전토와 네덜란드 제도諸島를 잃었다. 핀란드는 500년간 스웨덴의 한 주州였는데 이젠 러시아 소유가 되었다.

스웨덴은 덴마크·프랑스와도 휴전했다. 다만 영토에 관해서는 아무런 이동도 없었다. 그때 구스타브 4세는 이미 국왕이 아니었다. 반란이 일어났던 것이다. 구스타브 4세는 비운의 국왕으로, 대외관계에서 독단적으로 일을 처리했고, 그 때문에 책임을 추궁당하게 되었다. 게다가 그는 국민에게 인기가 없었다. 시대는 구스타브 4세가 아니라 훨씬 더 유능하고 현명한 국왕을 필요로 하고 있었다. 비운의 국왕은 스위스로 망명했고 그곳에서 구스타브손 대령이라는 가명으로 살았는데, 훗날 정신 이상이 생겨 죽었다.

구스타브 4세의 퇴위와 함께 그의 숙부 칼 후작이 칼 13세로 왕위에 추대되었다.(재위 1809~1818) 이내 신통치법이 제정되었다.(1809년) 그것이 왕위에 오르는 조건이었다. 이 통치법(기본법)은 그 뒤 몇 번이나 수정된 뒤 1975년 근본적으로 개정된 통치법(현행)이 생길 때까지 효력을 발휘했다.

이 통치법은 1772년의 통치법과 마찬가지로 입법과 행정 간의 타협이었다. 각료(원로)들은 국민의회에 책임을 졌고 국왕을 탄핵할 수 있게 되었다. 의회는 5년에 한 번 열리고 예산에 대한 거부권도 얻었다. 또한 옴부즈맨(행정권을 함부로 사용하는 것으로부터 국민을 보호하는 행정감찰관 제도. 현대 북유럽 각국이 모두 이 제도를 채택하고 있다) 제도가 도입되었다.

다른 세 가지 기본법도 채택되었다. 즉 왕위 계승법·의회법·출판 자유법이었다.

나폴레옹 전쟁으로 인해 이제 유럽 전역은 혼란스럽고 어지러운 시대로 접어들었다.

혼란스럽고 어지러운 시대

1
나폴레옹 전쟁

덴마크 · 노르웨이 연합 왕국의 해체

프랑스 혁명 속에서 나폴레옹이 등장하고 이어서 나폴레옹 전쟁이 일어나 유럽은 혼란스럽고 어지러운 격동의 시대로 돌입했다. 북유럽의 덴마크와 스웨덴도 이에 휘말렸고, 핀란드·노르웨이도 매우 결정적인 영향을 받았다. 특히 덴마크는 나폴레옹의 프랑스와 영국 사이에 끼어 의도치 않게 영국과 싸웠고, 엄청난 파국을 맞이하게 된다.

당시 덴마크·노르웨이 연합 왕국은 해운업이 융성하는 시대를 맞이하고 있었다. 영국의 선박과 함께 덴마크·노르웨이 선박은 세계의 일곱 바다에서 국기를 나부끼고 있었다.

또한 서반구에서는 미국이 독립하여 세계는 새로운 시대로 접어들고 있었다. 이 무렵 나폴레옹과 전쟁 상태에 돌입한 영국은 덴마크·

노르웨이 선박이 프랑스 및 프랑스령 여러 항구에 기항하는 것을 금지했고, 그런 의심이 가는 선박을 일방적으로 검사·나포하기 시작했다. 이에 덴마크는 프로이센·러시아와 함께 무장 중립 정책을 취했다. 그러나 영국은 이에 반발했고, 1801년 4월 2일 파커 및 넬슨 두 제독이 지휘하는 35척의 대함대를 파견해 수도 코펜하겐 앞바다에서 전투를 벌임으로써 덴마크 함대를 격파했다. 덴마크는 영국과 강화 조약을 맺었다. 그러나 그 뒤 유럽과 영국의 무역이 금지되자, 양국의 관계는 다시 악화되었고 동시에 프랑스의 압력도 커졌다.

결국 덴마크는 프랑스 편에 섰고, 1807년부터 1814년까지 눈물을 머금고 돌이킬 수 없는 전쟁을 벌이게 된다. 영국은 전쟁 중에 '모든 덴마크 함대를 인도하라'며 동맹관계의 설정을 덴마크에 요청했고, 덴마크가 이것을 거부하자 즉각 갬비어 제독이 지휘하는 46척의 대함대와 웰링턴 공이 지휘하는 3만1000명의 군사를 코펜하겐에 급파했다.

1807년 8월 16일 영국군은 코펜하겐 북방에 상륙했다. 전투는 5일간 이어져 수도는 파괴되고 주민들은 죽고 부상당했다. 황태자 프레데리크(1808년 왕위에 올라 6세가 된다. 재위 1808~1839)는 항복하기로 했다. 덴마크 군함 30척과 기타 소함정을 인도하기로 했고, 건조 중인 함선 4척도 파괴했다. 또한 영국 수비대가 6주간 코펜하겐에 주둔하게 되었다.

프레데리크는 이때 마음을 결정해 프랑스와 동맹관계를 맺고 영국과의 전쟁에 돌입했다. 결과적으로 이 선택은 덴마크의 비극으로 끝났다. 그러나 부득이한 결정이었다고 말할 수 있을지도 모르겠다.

영국과의 전쟁으로 노르웨이는 해상을 봉쇄당했고, 상선을 몰수당했으며, 무역이 중단되어 엄청난 고통과 곤란에 직면했다. 영국은 덴마크의 해외 영토를 점령했고, 아이슬란드와의 무역 루트를 끊고 상선의 절반 이상을 나포·몰수하여 덴마크는 노르웨이와 연락하는 것조차 곤란한 지경에 빠졌다. 스웨덴에서는 자식이 없는 칼 13세의 후계로 베르나도트 장군을 지명했고, 스웨덴은 반反프랑스 연합에 가담하여 잃어버린 핀란드 대신 노르웨이를 탈취하고자 군대를 동원했다. 프레데리크는 그럼에도 프랑스와의 협력을 중단하지 않고 거꾸로 동맹을 강화했다. 그 결과 베르나도트의 스웨덴군은 북독일로부터 유틀란트에 침입했고 1814년 덴마크는 킬에서 강화조약을 맺을 수밖에 없었다.(스웨덴 부분 참조)

덴마크는 400년 이상 동맹했던 노르웨이를 잃었다. 헬리골랜드를 영국에 빼앗겼다. 다만 멀리 떨어진 아이슬란드, 페로제도, 그린란드는 덴마크의 영토로 남았다.

나폴레옹 전쟁은 덴마크에게 일대의 재앙이었다. 이 전쟁으로 덴마크는 노르웨이와 함대와 해상 무역 모두를 잃어버렸다.

프레데리크 6세는 국왕으로서는 불우한 시대에 태어났다. 미치광이 부왕의 아들로서, 황태자 시절부터 고뇌하고 괴로워하면서도, 늘 국민을 위해 과감하게 행동했다. 슈트루엔제 뒤에 등장한 길베아 재상의 반동 정치에 대해서도 쿠데타를 통해 추방했다. 그러므로 잘못된 판단을 내려 혼란스런 격동의 시대에 덴마크의 파국을 초래했음에도 불구하고, 국민은 그를 사랑했고 그가 죽었을 때 깊이 애도했다.

프레데리크 6세는 또 농민을 위한 토지개혁을 실시하여, 농민들의 지위와 생활 수준 향상을 도모했고, 농업의 근대화를 위해 노력했다. 이것을 기념하여 훗날 기념비가 세워졌다. 코펜하겐 중앙역 옆에 서 있다.

이 무렵은 또한 실존철학으로 유명한 키르케고르(1813~1855)나, 북유럽의 3대 조각가의 한 명인 토르발센(1768~1844)—나머지 두 명은 스웨덴의 칼 밀레스(1875~1955), 노르웨이의 비겔란(1869~1943)—이나 덴마크의 국민시인이자 덴마크 국가의 원작자 욀렌슐레게르(1779~1850)나 위대한 종교교육 사상가 그룬트비(1783~1872) 등이 활약하기 시작한 시기이기도 했다.

프레데리크 6세를 이은 국왕은 크리스티안 8세(재위 1839~1848)다. 6세의 종형제로, 노르웨이 총독으로 있을 때 노르웨이는 덴마크에서 떨어져 나와 스웨덴에 귀속되었다.

크리스티안 8세는 노르웨이의 자유헌법 제정에 연관되어 짧은 기간 노르웨이 국왕으로 추대되었지만, 결국 덴마크로 귀국할 수밖에 없게 되면서 왕위를 이은 것이다. 하지만 당시에는 국민적 자유주의 내지 낭만주의 조류가 밀려들기 시작했고, 계몽 절대군주 시대는 막바지에 다다르고 있었다.

스웨덴 왕가의 후계자 다툼

스웨덴 국왕 칼 13세에게는 세자가 없어, 후계 국왕의 문제가 발생했다. 국민은 아우구스텐부르크가의 크리스티안을 희망하여 내정했지만 궁정과 귀족 일부는 반대했다. 그리고 사고가 일어났다. 크리스티안이 헬싱보리에서 승마 도중 갑자기 낙마하여 사망한 것이다. 1810년 봄의 일이었다. 독살이라는 소문이 돌았고, 주모자로 폰 페르센의 이름이 오르내렸다. 그는 루이 16세와 마리 앙투아네트가 도망치는 것을 도왔던 스웨덴 귀족으로, 마리 앙투아네트의 애인이라고 말하는 사람도 있었다.

크리스티안의 유해를 스톡홀름에 옮겨 장례를 치렀다. 그러나 장례식 당일, 군중은 많은 군대가 정렬된 가운데를 지나가고 있던 페르센의 마차를 습격했고, 페르센은 비참하게 죽임을 당했다.

스웨덴은 다시 왕위 계승자를 검토했다. 1810년, 국민의회는 나폴레옹 휘하의 명장 베르나도트를 지명했다. 그러나 이 결정의 배후에는 비화가 있다. 스웨데 정부는 당초 크리스티안의 남동생을 지명할 예정이었고, 이를 프랑스에 통보해 양해를 얻을 생각이었다. 그런데 그 사자 역할을 맡은 메르나 중위가 당치도 않게 명령을 어긴 것이다.

그는 나폴레옹의 비위를 살살 맞추어 베르나도트를 추천하게 만들었다. 메르나는 '정부 수뇌부는 유능한 군인 국왕이 오히려 위기의 시대에 어울린다고 생각하는 게 분명하다'고 앞질러 생각하여 정치적으로 움직였던 것 같다.

베르나도트—그의 아내는 나폴레옹의 영원한 연인 데지레 클라리—는 처음에는 사양했지만, 결국 승낙했다. 그는 남프랑스 베아른에서 태어났고 하사관 출신으로, 당시의 신분제 사회에서는 승진할 길이 막혀 있었다. 그런데 혁명이 일어나자 계급이나 지위 따위는 일거에 붕괴되어버렸고, 실력이 말을 하는 시대가 되었다. 그는 제 능력을 발휘하여 장군까지 올라갔다.

이리하여 프랑스 장군이 칼 요한으로 개명하고 스웨덴의 왕위 계승자가 되었다. 그는 영국과의 우호를 고려했지만, 나폴레옹의 프랑스로부터 압력이 가해졌다. 영국과 전쟁하라는 요구였다. 그래서 그는 영국과의 전쟁에 돌입했지만 이는 지면상의 선전포고일 뿐이었다. 그것을 안 나폴레옹은 스웨덴·포메라니아를 향하여 프랑스 군대를 북상시켰다.

베르나도테 왕가를 연 칼 요한

칼 요한은 프랑스와 전쟁할 뜻을 굳혔다. 1813년 그는 러시아·프로이센·스웨덴 연합군을 지휘하여 베를린 남쪽에서 나폴레옹군을 세 방면에서 압박, 라이프치히로 유인하여 전투를 벌였다. 3일간의 전투 결과 프랑스군은 패배하여 퇴각했다.

1814년 1월 14일, 킬 조약으로 스웨덴은 덴마크에 포메라니아를 주는 대신 덴마크는 노르웨이를 스웨덴에 할양했다.

칼 요한은 처음에 중립을 고려했지만, 노르웨이의 병합을 지지하는 러시아·영국과의 동맹·우호로 방향을 틀었다. 핀란드를 잃어버린 것을 노르웨이를 얻어 메우려는 전략이었다.

노르웨이는 이를 기회로 독립하기를 바랐지만 열강은 인정하지 않았다. 노르웨이는 스웨덴과 동군同君 연합에 들어갔고, 칼 13세가 두 나라의 국왕이 되었다.

칼 요한은 1818년 칼 14세 요한으로 왕위에 올랐다.(재위 1818~1844) 이로써 베르나도테 현 왕가가 열렸다. 칼 요한은 스웨덴을 위기에서 구했고 계속 유럽의 강국으로 남게 만들었다. 그리고 라이프치히 전투는 스웨덴 최후의 전쟁이 되었다.

칼 요한은, 당연한 일이지만, 스웨덴어를 하지 못했다. 그것도 하나의 이유가 되었는지 모르겠지만, 그는 정부나 의회와 충돌했다. 아니면, 본질적으로 그는 무장이고, 시대를 통찰하는 정치가의 재능은 타고나지 못했는지도 모른다. 그는 정부나 의회의 개혁 세력에 반대하고, 왕권을 유지하며 확대하는 일에 집착했다. 비밀경찰을 이용하여 반대파를 침묵하게 만들기도 했다. 그는 왕위에서 쫓겨나는 것은 아닐까 하는 피해망상에 사로잡혀 있었다.

이 무렵에는 자유당이라는 정치 세력이 생겨나 있었다. 그들은 국왕의 보수성, 소박한 경제관·대외 정책을 공격했다. 특히 국왕의 친러시아 정책을 공격했다. 중요한 무역 상대국이자 해군을 보유한 나라 영국을 무시하고 있다고 비난했다. 또한 이 무렵 『아프톤블라데트』라는 신문이 창간되었다. 현대적인 의미에서 스웨덴 최초의 신문이었다.

한편 국왕은 점점 더 반동적 방향으로 가고 있었다. 국왕을 개인적으로 비난했다는 이유로 린드베리라는 정치가를 재판에서 사형시키려고 하여, 황태자 오스카르는 '부왕을 웃음거리로 만들 우려가 있다'는 간언을 올리고, 수상은 사임하는 사태가 벌어졌다. 그 뒤에는 원수元首 모욕 사건도 일으켰다. 반대파는 1840~1841년 의회에서 언론자유의 권리를 더욱 강화할 것을 결의했다. 언론 기관은 점점 더 격렬하게 국왕을 공격했다. 의회에서 많은 의원이 국정 개혁을 위한 동의를 제출했다. 국왕은 개혁파 각료를 잇따라 파면시켰다.

그는 시대의 조류를 이해할 수 없었다. 그러나 칼 요한 국왕 재위 25주년 기념식에서, 스웨덴 국민은 국왕이 난국에 처한 스웨덴을 구해주었던 사실을 기억해냈다. 늙은 국왕의 80세 탄신일에 새삼스레 국민은 늙은 국왕이 예전에 스웨덴에 공헌한 일을 생각했다.

이듬해 노쇠한 국왕은 81세로 죽었다. 역대 국왕 중에서 가장 긴 치세였다. 그의 죽음과 함께 스웨덴은 안정된 오랜 평화의 과실과, 국민 생활이 밝은 미래로 갈 수 있는 기초를 정비했다. 이제 스웨덴은 근대로 가는 서곡 시대로 접어들었다.

크림 전쟁: 오스카르 1세

오스카르 1세(재위 1844~1859)는 45세에 왕위에 올랐는데 당연히 부왕보다 훨씬 더 개혁적이었다. 그의 치세 아래에서 스웨덴 최초의 구빈법救貧法이 제정되었다.(1847년) 1849년에는 교육법이 제정되고, 의무교육이 도입되었다. 그 무렵을 전후해서 정치적 자유 사상이 들어와 보통선거를 요구하는 목소리가 높아졌고, 왕정을 폐지해야 한다고 주장하는 이들도 있었다. 스톡홀름에서 소요가 발생하여 군대가 발포했고, 시민 30명이 사망한 사건도 일어났다. 국왕은 급격한 개혁에는 반대했다.

이 무렵 슐레스비히 전쟁이 일어났고(1848~1850), 오스카르 1세는 4500명의 스웨덴군을 파견했다. 러시아 또한 덴마크를 지지했다. 프로이센군은 철수할 수밖에 없는 상황에 몰렸고 스웨덴의 조정으로 휴전이 성립되었다. 한편 크림 전쟁도 일어났다.(1853~1856) 또한 이 무렵 스웨덴과 영국은 러시아가 북부 노르웨이·핀마르크 지방을 침략하지 않을까 염려하고 있었다. 국경이 확정되지 않았다는 것과, 어업권·부동항 문제가 얽혀 있었다. 오스카르 1세는 영국·프랑스와 협정을 체결했다.(1855년)

크림 전쟁에서 스웨덴은 중립을 선언했지만, 스웨덴 항구를 사용하도록 교전국에 허용하여 사실상 영국·프랑스 함대에 큰 편의를 제공했다.

크림 전쟁이 끝난 뒤 스웨덴은 네덜란드 제도(핀란드·스웨덴 사이의 제도)의 비무장화를 러시아가 승인하게 만드는 데 성공했다. 오스카르 1세는 상황에 따라서는 대러시아전에 참가할 뜻을 갖고 있었다. 그러나 국민 사이에서는 전쟁 반대 목소리가 강해 오스카르 1세의 외교 정책은 그다지 인기가 없었다.

한편 오스카르 1세는 이 무렵부터 북유럽 전역에서 성행하던 '범스칸디나비아주의 운동'(학생·지식인을 중심으로 한, 북유럽 운명 공동체를 향한 열에 들뜬 운동)을 자신이 이해하고 있다고 선전했고, 1845년 코펜하겐에서 열린 북유럽학생대회에서는 "이제 북유럽 여러 나라 사이의 전쟁은 불가능해졌다"고 연설했다. 덴마크에는 방위동맹을 요청하기도 했다.(결국 실현되지는 않았다.)

국왕은 활동가였다. 그러나 1857년 병에 걸려 훗날의 칼 15세가 섭정이 되었다. 2년 뒤 야심적이었던 오스카르 1세는 죽었다.

신분제 대표 의회 폐지: 칼 15세

칼 15세(재위 1859~1872)는 부왕처럼 혼자서 다 처리하려 하지 않고, 다른 이의 협조를 구하며 민주적으로 일을 처리하는 국왕이어서 국민에게 높은 인기를 누렸다. 이 국왕 아래에서 정치적으로 중요한 개혁과 사회 발전이 이루어졌다.

1809년 기본법을 제정할 무렵부터 스웨덴 국민은 의회에서의 신분제는 폐지되어야 한다고 생각하기 시작했다. 예를 들어 귀족은 의회에서 자동적으로 대표가 되었는데, 그것이 불공정하다는 논의가 일었다. 수천 명밖에 되지 않는 사제가 의회에서 4분의 1의 비중을 차지하는 것은 불합리하다는 비판도 있었다. 농민은 인구 4분의 3을 차지하고 있는데도 의회에서의 비중은 4분의 1에 불과하다는 것도 논의되었다. 4계급 신분제 대표 의회를 폐지해야 한다는 목소리가 높아졌고, 루이 드 예르 수상의 노력에 힘입어 1866년에 마침내 새로운 의회법이 제정되었다.(이원제 도입)

한편, 1846년 길드 폐지를 시작으로 1864년 산업의 자유가 확립되었다. 영국·프랑스와 마찬가지로 스웨덴에서도 자유무역의 원리가 뿌리를 내리고 있었다. 또한 이 무렵부터 지방자치 의식도 생겨났다.

그즈음에 칼 15세는 한때 러시아의 지배에 대해 폴란드인이 일으킨 반란을 동정하여, 프랑스와 함께 동방으로 가는 새 십자군을 일으킬 것을 고려하기도 했지만, 그러나 더 이상 왕실 정치나 왕실 외교의 시대가 아니었다. 1864년 제2차 슐레스비히 전쟁 때도 칼 15세는 덴마크 원조를 결정했지만, 정부가 반대하여 약간의 의용군이 참가하는 데서 그쳤다. 스웨덴의 지원을 기다리고 있었던 덴마크는 고립무원 상태로 싸우게 되었다. '범스칸디나비아주의'의 이상은 이미 죽어 있었다.

또한 칼 국왕의 왕비는 가톨릭 신도였다. 그런 이유도 있어서인지 1860년 종교 신앙의 자유가 실현되었다. 칼 15세는 1872년에 죽었다.

2
범스칸디나비아주의의 좌절

제1차 슐레스비히 전쟁

덴마크의 유틀란트 반도는 슐레스비히·홀슈타인 지방이 독일과 인접해 있었고, 슐레스비히 남부 지방에는 프랑크 왕국 세력이 북상하는 것을 막기 위해 쌓은 다네비아케 요새가 있었다. 또 홀슈타인 지방 남단에 함부르크가 있고, 그 동남쪽에 라우엔부르크 지방이 펼쳐져 있었다. 이들 지방에서 두 차례에 걸쳐 프로이센과 독일 간에 슐레스비히 전쟁이 일어났다.

문제는 이들 지방, 특히 슐레스비히 지방에 독일 농민 세력이 흘러들어가 있었다는 점이다. 또한 이들 지방은 고대부터 자치권이 확립되어 있었고, 명목상 덴마크 왕에게 복종해왔다는 사정도 있었다.

더구나 15세기에 크리스티안 1세가 '슐레스비히·홀슈타인은 하나'라고 선언하고 이를 문서로 남겼기 때문에, 홀슈타인(독일 연합과 연결되어 있어 주민은 거의 독일 농민이었다)은 슐레스비히를 길동무로 삼아 독일과 연결되기를 바라고 있었는데, 그것이 사태를 더 나쁘게 만들었다.

게다가 당시의 시대 풍조(낭만적 민족주의)를 배경으로, 신흥 국가 독일과 덴마크의 충돌이 발생했던 것이다. 실제 슐레스비히·홀슈타인은 저 옛날 신성로마 제국 시절부터 오랜 세월 덴마크의 두통거리였다. 결국 이 문제를 무리하게 해결하려다 마침내 전쟁이 일어난 것인데, 이는 또 독일 비스마르크의 철혈鐵血 정책과, 덴마크의 통일국가 견지 정책의 충돌이기도 했다.

실제 슐레스비히 문제는 두 차례의 전쟁 뒤에도 덴마크와 독일 간에 해결되지 않은 문제로 남았고, 제1차 세계대전 뒤에 실시된 주민투표와 제2차 세계대전 뒤의 현상 추인 정책을 통해 겨우 해결되었다. 지금도 북유럽에서는 이 문제를 다룬 학술 논문이 가끔 발표되고 있는데, 독일어·덴마크어 계열 주민이 뒤얽힌 지역의 시대적 변천은 모자이크 모양의 역사 지도가 변화하는 모습과도 같다. 참으로 역사란 움직이는 지도다.

사태의 발단은 홀슈타인의 정치적 리더들이 덴마크로부터의 분리 운동을 시작한 데서 비롯됐다. 정부는 즉각 선동 공작을 벌인 이들을 처벌했고, 일부는 관리의 지위를 박탈하고 추방했다. 동시에 정부는 그 배후에 있는 시대의 움직임을 경계하여 선수를 쳐서 홀슈타인·슐레스비히 및 본국에 협의위원회 성격을 띤 기관을 설치했다. 지방자치체 차원의 대표 의회 같은 것을 만들어 대처하려 했던 것이다. 그 뒤에 프레데리크 6세가 죽었다.(1839년) 후계 국왕은 종형제 크리스티안 8세(재위 1839~1848)였다. 크리스티안 8세는 짧은 기간이긴 하나 노르웨이 국왕이었다. 그리고 이른바 '에이드스볼 헌법'을 인정하여 덴마크 내에서는 일찍부터 진보적이고 자유로운 국왕으로 알려져 있었다. 따라서 덴마크 자유파는 덴마크에도 똑같은 헌법을 제정해 주리라 기대했다. 크리스티안 8세는 사실 자유로운 사상의 소유자이기는 했다. 그러나 그는 슐레스비히·홀슈타인 주민들을 만족시킬 만한 헌법에는 자신이 없었다.

급진파들은 크게 실망했고 국왕을 비판하는 언론도 등장하기 시작했다. 그사이에 현지에서는 두 당파가 대립했다. 하나는 독일계 주민으로 슐레스비히·홀슈타인 연합만의 헌법을 요구했고, 다른 하나는 슐레스비히 중부·북부의 덴마크 주민으로 덴마크 본국과의 강한 연합을 희망했다.

크리스티안 8세의 조정 노력은 허사였다. 한편 그는 절대군주정을 더 이상 유지할 수 없는 시대에 들어서고 있음을 인식했던 듯하다. 1814년 덴마크는 마침내 정치적 위기를 맞이했다.

1814년 크리스티안 8세가 죽고, 아들 프레데리크 7세(재위 1848~1863)가 왕위를 이었다. 프레데리크는 대관식을 거행하지 않았다. 그 이후 덴마크 국왕은 대관식을 폐지해버렸으며, 지금은 대면식 對面式이라 해서 수상·각료·의원 등이 만나는 자리가 있을 뿐이다.

그는 온후했지만 정치적으로는 그다지 유능하지 못했던 듯하다. 물론 누가 국왕이 되었더라도 마찬가지였을지 모른다. 그만큼 처리하기 어려운 문제가 늘어가던 시대였다. 1848년 슐레스비히·홀슈타인은 덴마크 국왕 칙령을 두 지역에 적용하는 것을 거부하며 두 지역만의 헌법과 독일과의 연합 승인을 요구했다.

이에 대해 변호사 레만이 이끄는 자유파는, 덴마크 본토와 슐레스비히에 적용되는 헌법 제정을 요구했다. 사람들은 이것을 '에이델 계획'이라 불렀다.(에이델강이 두 공국의 경계를 이루고 있는 데서 나온 명칭이다.) 자유파는 이미 국민자유당을 결성하여 큰 정치 세력이 되어 있었다.(1842년) 그들은 코펜하겐에서 큰 집회를 열고, 레만을 선두로 삼아 청원 시위를 벌였다. 그들은 절대왕정을 폐지해야 한다고 생각하고 있었다. 국민자유당이 다수를 차지하는 국민의회는 자유헌법 제정을 요구했다.

한편 정부는 서둘러 슐레스비히·홀슈타인 쪽에 회답해야만 했다. 여기서 그들은 덴마크 본토와 슐레스비히에 공통적으로 유효한 헌법을 인정하고, 홀슈타인에만 분리 칙허를 내릴 것을 통고했다. 그러나 현지에서는 이미 아우구스텐부르크가의 노르 공이 잠정 정권을 세우고 있었다. 벌써 반란이 일어났다고 말할 수도 있으리라. 그들은 프로이센·독일에 원조를 구했다. 한편 스웨덴·노르웨이의 여론은 범스칸디나비아주의의 형제애로 기울고 있었다. 범스칸디나비아주의는 북유럽의 정치적·문화적 일체를 지향하는 낭만적인 사회운동으로, 당시 북유럽 지식인·학생·시민 사이에 열병처럼 번진 감정이기도 했다. 스웨덴은 유틀란트에 프로이센군이 침입할 경우에 대비하여 정규군을 보내왔다. 내전은 국제적인 색채를 띠고 있었다.

서전緖戰에서는 덴마크군이 반란군을 쳐부쉈지만 프로이센군이 참전하자 고전에 빠졌다. 그 뒤 영국과 러시아의 압력으로 프로이센군이 철수함에 따라 덴마크군은 세력을 회복했고 마침내 반란군을 진압했다. 반란군 정부는 해산되었다.

이사이 1849년 6월 5일, 자유헌법이 성립되었다.(그래서 '6월 헌법'이라고도 불렀다.) 국왕의 지위는 입헌군주 성격을 띠게 되었고 절대왕정은 여기서 끝났다. 의회는 상원과 하원으로 나뉘었고 30세 이상 남자에게 참정권을 부여했다. 이후 자유헌법은 1953년에 대폭 개정되기 전까지 줄곧 효력을 발휘했다.

하지만 열강의 런던 의정서(1850년 8월 2일)는, '6월 헌법'이 덴마크 본토에만 적용되고 슐레스비히는 따로 취급해야 한다고 보았다. 이에 따라 그때까지 오스트리아군을 제 편으로 끌어들여 홀슈타인을 다시 점령하고 있던 프로이센군은 철수했다. 덴마크가 꼭 승리했다고 말할 수는 없는 결과였다. 더구나 프레데리크 7세에게는 아들이 없었기 때문에, 조인에 참가한 여러 나라(영국·러시아·프랑스·오스트리아·프로이센·스웨덴)는 그뤽스부르크가(올덴부르크가의 지류)의 크리스티안을 왕위 계승자로 정했다.

반란 사건 관계자는 거의 단죄하지 않았고, 지도자 몇 명을 국외로 추방하는 데서 그쳤다. 노르 공은 아루스섬의 영유권을 허가받는 대신 옛 영지에 대한 청구권을 포기했다.

제2차 슐레스비히 전쟁

슐레스비히 문제는 여전히 독일연합과 덴마크 사이의 분쟁 요인이었다.

덴마크는 아이더강 이북의 슐레스비히를 본토에 합병·흡수할 계획을 세웠다. 물론 그것은 국제적인 합의에 위반되는 일이었다. 그러나 1863년, 덴마크 의회는 합병을 위한 특별법을 통과시켰다. 그리고 그것을 승인하지 못한 채 프레데리크 7세는 사망했다. 크리스티안 9세가 왕위를 이었다.(재위 1863~1906) 선왕을 이은 가계이기는 했지만 이미 46세였다. 또한 새 왕은 친프로이센·친러시아로 알려져 있었다.

이보다 앞서 덴마크는 독일연합이 공격해올 경우에 대비하여 스웨덴의 오스카르 1세(재위 1844~1859)에게 스웨덴과의 방위동맹 결성을 요청하고 있었다. 오스카르 1세는 적극적이었다. 범스칸디나비아주의 열기도 드높아지고 있었다. 후계 국왕 칼 15세(재위 1859~1872)도 북유럽 연대에 대한 열성적인 지지자였다. 영국 역시 덴마크에 호의적인 것으로 생각되었다.

한편 프로이센·독일 연합의 비스마르크는 아우구스텐부르크 공에게, 선대가 버려두었던 슐레스비히·홀슈타인 공에 대한 청구권을 부추기고, 또 오스트리아를 꼬드겨서 이 두 주를 병합하려 하고 있었다.

이리하여 1864년 4월 16일, 합체合體 조치 철회를 요구하는 최후통첩이 나왔다. 덴마크 쪽(몬라드 수상)은 그럼에도 독일이 교섭에 응할 것이라 낙관하고 있었다. 그러나 프랑스·영국·러시아도 합체법 철회로 의견이 일치되어 있었다. 이때도 덴마크는 최악의 사태에라도 스웨덴만은 틀림없이 원조하러 와주리라 믿고 있었다. 범스칸디나비아주의에 대한 지나친 믿음이었다.

더구나 프로이센·오스트리아는 최후통첩 속에 48시간의 유예밖에 인정하지 않았다. 그 뒤는 슐레스비히로 진격할 것을 예고하고 있었다. 덴마크군 4만 명은 다네비아케에 전투 대형으로 벌리고 서 있었다. 프로이센·러시아 연합군 6만 명이 아이더강을 넘어 북상했다. 전투가 시작되었다.

덴마크의 크리스티안 율리우스 데 메사 총사령관은 우세한 적을 보고 작전을 변경하여 후퇴를 명했다.

눈 내리는 겨울에 후퇴하는 것은 대단히 곤란한 일이었다. 덴마크군이 철수한다는 보고를 받고 코펜하겐은 충격에 빠졌다. 데 메사는 해임당했다. 그러나 덴마크군은 용감하게 싸웠다. 특히 덴마크 해군은 분전했지만 요지 뒤펠 전투에서 덴마크군은 참담하게 패배하고 퇴각했다.

한편 스웨덴은 덴마크를 지원할 경우 러시아가 개입해올 것을 염려하고 있었다. 범스칸디나비아주의 여론은 이미 침묵하고 있었다. 이사이 열강 대표들은 런던에 모였다. 잠시 휴전하기로 합의했지만, 슐레스비히·홀슈타인의 경계선을 어떻게 정할지는 합의가 불가능했다. 덴마크 쪽은 다네비아케를 경계선으로 해야 한다고 주장했다. 반면 프로이센(오스트리아) 쪽은 그럴 경우 독일계 주민을 덴마크령에 남기게 된다며 반대했다.

아스코브
1864년 까지의 북쪽 경계선
리베
1920년 까지의 북쪽 경계선
뢰딩
북슐레스비히
1920년부터
플렌스포
남슐레스비히
슐레스비히
다네비아케
아이더강
킬
1864년 이전의 남쪽 경계선
홀슈타인
뤼베크
엘베강
독 일
함부르크
0
50km

남유틀란트 약도

전투가 재개되었다. 덴마크군이 아무리 잘 싸워도 본래 군대의 장비 수준은 현저하게 달랐다. 군국軍國 러시아는 병기·편성·군대의 운용 모든 면에서 덴마크를 압도했다. 군대의 사기만으로 전투를 승리로 이끌 수는 없었다.

덴마크군은 굴복했다. 국민도 이제는 평화조약밖에 없다는 사실을 알았다. 1864년 10월 30일 빈 조약을 맺었고, 덴마크는 라우엔부르크를 포함하여 슐레스비히·홀슈타인의 세 공국을 모두 프로이센·오스트리아에 넘기게 되었다. 덴마크는 국토의 40퍼센트를 잃었다. 더구나 1866년 프로이센·오스트리아 전쟁으로 인해 이 땅들은 모두 프로이센령이 되었다. 제1차 슐레스비히 전쟁과 달리, 이번 전쟁에서 덴마크는 완전히 고립무원 상태에서 싸웠다. 범스칸디나비아주의는 아무런 도움도 되지 않았다. 또한 비스마르크의 외교는 영국·러시아·프랑스가 중립적 입장을 취하게 만드는 데 성공했다. 덴마크 국내는 패전의 타격과 절망으로 어둠에 휩싸였다. 소국 덴마크의 재건과 부흥은 과연 가능할 것인가, 덴마크 국민은 고뇌에 빠졌다.

에이데르 계획의 좌절로 국민자유당의 힘은 약해지고 보수파 세력이 부활했다. 이에 대해 급진자유파가 결성되었다.

보수파는 급진자유파와 연대했다. 이런 상황 속에서 현대 덴마크의 정치체제가 생겨난다.

덴마크의 부흥

덴마크의 부흥이 시작되었다. 한 명의 애국적 덴마크 군인 달가스가 제창한 국민운동이 도화선이었다. 즉 "바깥에서 잃은 것을 안에서 되찾자"라는, 국내 미개척 황무지를 개발하자는 운동이었다. 달가스의 운동과 함께 덴마크 농업은 급속도로 발전했다. 그리고 그 추진력이 되었던 것이, 그룬트비가 일으킨 국민고등학교 운동이었다. 최초의 국민고등학교는 이제는 잃어버린 슐레스비히·홀슈타인 쪽에 있었다. 중부 유틀란트의 아스코브에 두 번째 국민고등학교가 설립되고 그 뒤로 잇따라 덴마크 전역으로 퍼져갔다.

엔리코 달가스(1828~1894)

프로이센과의 전투로 국토를 잃은 덴마크에서, 한 명의 공병工兵 사관이 애국적인 정신으로 "바깥에서 잃은 것을 안에서 되찾자"라는 구호를 내걸었다.(이 말 자체는 그가 한 말이 아니라는 설도 있다.) 달가스는 패전한 조국을 위해 고심 끝에 유틀란트를 비옥한 경작지로 바꾸어 조국이 부흥하는 데 크게 공헌했던 것이다.

달가스가 유틀란트 서부의 황무지를 풍요로운 녹지로 바꾸어 덴마크 부흥의 선두에 선 이야기는 특히 우치무라 간조의 『덴마크 이야기』로 널리 알려지게 되었다. 『덴마크 이야기』는 간조가 1911년 도쿄에서 한 강연을 정리하여 간행한 책인데, 이와나미 문고본 20쪽도 채 되지 않는 짧은 글이기는 하지만, 중후하고 격조 높은 명문으로 '신앙과 수목을 가지고 나라를 구한 이야기'를 소개했다.

우치무라 간조는 다음과 같이 썼다.

"전쟁에 지고 국토는 줄어들어, 국민이 의기소침에 빠져 아무 일도 손에 잡히지 않을 때, 이러한 때에 국민의 참된 가치가 판명되는 것입니다. 전쟁에는 졌어도 정신적으로는 지지 않는 백성이 참으로 위대한 백성입니다. (…) '지금은 덴마크에게 나쁜 날'이라고 그의 동료는 말했습니다. '참으로 그렇다'고 달가스는 답했습니다. '그렇지만 우리는 바깥에서 잃은 것을 안에서 되찾을 수 있다. 자네들과 내가 살아 있는 동안에 우리는 유틀란트의 광야를 바꾸어 장미꽃이 피는 곳으로 만들 수 있다.'"

그의 아들 프레데리크 달가스가 달가스의 위대한 작업을 이어받았으니, 그들은 부모 자식 두 대에 걸쳐 조국을 위해 헌신했던 것이다. 1892년부터 국민고등학교는 정부의 보조금을 받게 되었다. 그리고 19세기 말 무렵에는 북유럽 전역에 국민고등학교가 세워진다.

엔리코 달가스

니콜라이 그룬트비(1783~1872)

그룬트비는 19세기 북유럽에서 가장 개성적인 사람 중 한 명이다.

위대한 종교·교육 사상가였던 그는 전란으로 어두웠던 시대에 국민에게 사상을 전파하고 열정을 불러일으킨 사도였다. 그의 자유종교적 경향은 젊은 목사들 사이에서 인기를 끌었다.

1830년경부터 그는 이전의 보수주의적 경향에서 민중 중심의 실천 사상으로 옮겨갔다. 한편 그때까지의 북유럽 신화에 관한 연구 발표와 함께, 일련의 찬송가를 지었다.(덴마크 찬송가의 3분의 1을 지었다.) 코펜하겐에 우뚝 선 벽돌 건물 그룬트비 교회가 있다.

무엇보다 그는 세계적으로 유명한 '국민고등학교'의 창설자로 알려져 있다. 농촌의 청년 남녀를 위해 농한기(5개월간)를 이용한 기숙제 학교다.

1834년에 유틀란트에 최초의 국민고등학교를 세웠는데, 뛰어난 교육자 크리스텐 콜(1816~1870)의 협력과 함께, 이 독특한 교육 시스템은 일약 유명해졌다. 그것은 신과 조국에 대한 사랑을 중심으로 삼은 자유로운 교육으로, 시험도 없었고 교사·학생의 관계는 매우 친밀한 교감으로 연결되었다. 지식이 아니라 인간적인 지적 교육을 주로 삼아, 문학·철학·경제학·사회 문제 등에 중점을 두었다.

현재 50~60개 정도의 학교가 있으며, 북유럽 전역에 퍼져 있다. 정부·자치체도 나중에 보조금을 지급하게 되었다.

그룬트비가 창설한 국민고등학교의 사상과 정신에 감동받아, 이것을 건학 이념으로 삼은 것이 고故 마쓰마에 시게요시의 '보세이주쿠望星塾'(훗날의 도카이대학)다.

니콜라이 그룬트비

그룬트비 교회

그룬트비와 달가스의 사업은 19세기 후반의 농업 경영이 크게 바뀌는 계기가 되기도 했다. 그 무렵 북아메리카와 러시아에서 값싼 곡물이 대량으로 유럽 시장에 흘러들어와 덴마크의 농업은 위기를 맞이했다. 이에 낙농과 축산을 주체로 삼는 다각적인 농업 경영으로 방향을 틀게 되었다. 인공비료와 원심분리기의 발명 등이 이것을 촉진했다. 또 1887년 유틀란트에서 최초의 협동조합이 생겼다. 협동조합은 덴마크 낙농업·축산업의 질과 양을 비약적으로 높였다. 덴마크산 버터·달걀·베이컨 및 축산품은 높은 부가가치를 창출했다. 덴마크는 이제 세계 일류 낙농국으로 변신하는 중이었다.

농업뿐만 아니라 조선업과 해운업도 발전했다. 국내 운동에서도 철도 보급이 진행되고 있었다. 최초의 철도는 1847년, 코펜하겐 로스킬레 구간이었다.

이사이 도시 인구가 급증하여, 1870년에는 전체 인구 178만 명 중 25퍼센트가 도시 인구였지만, 각종 산업의 급속한 발달과 함께 1910년에는 40퍼센트가 도시 인구였다. 또 이 무렵 덴마크만 그런 것은 아니었지만, 북유럽 각국에서 북아메리카로 이민하는 이가 많았다. 1870년부터 1914년까지 30만 명이 북아메리카로 건너갔다. 스웨덴과 노르웨이 두 나라도 1890년대에 이민이 가장 많았고, 1910년대에 들어서는 급속히 감소했다.

어쨌든 1890년을 기점으로 덴마크의 경제·산업은 급속도로 확대·발전을 이어갔다. 덴마크의 현대가 열리려 하는 중이었다. 하지만 공업의 발달은 산업 프롤레타리아를 낳아 마르크스주의가 널리 퍼졌다. 1871년 우편배달부 피오가 사회주의 모임을 조직하고, 기관지 『사회주의자』를 발행했다. 그러나 그와 회원들은 즉각 탄압을 받았다.

한편 정당 정치도 확립된다. 그때까지는 상원이 중심이었지만, 하원으로 그 중심이 옮겨간다. 1890년에 자유당이 발족했는데, 그들은 국민자유당을 우당右黨이라 부르고, 자기네를 좌당左黨이라 여겼다. 1876년에는 사회당이 설립되었다. 급진당도 등장했고(1915년), 국민자유당도 보수당으로 새로 발족했다.(1915년) 이사이 하원 좌파연합내각도 성립하여(1901년) 본격적인 정당정치가 펼쳐졌다.

19세기 덴마크의 문화와 학술

여기서 19세기 덴마크의 문화와 학술을 보자. 우선 위대한 한스 크리스티안 안데르센(1805~1875)의 이름을 찾아볼 수 있다. 북유럽인 가운데 안데르센과 노벨만큼 유명한 사람이 없을 텐데, 안데르센의 동화는 전 세계 여러 언어로 번역되어 있다. 그 외에도 훌륭한 작가들이 있는데, 문학사적으로 평론가 브라네스(1842~1927)가 국제적으로 널리 알려져 있다. 코펜하겐대학 교수를 지냈고 대작 『19세기 문학의 조류』로 서구 문학계에 강렬한 영향을 끼쳤다.

음악에서는 코펜하겐 음악아카데미를 거점으로 활약했던 카를 닐센(1865~1931)이 국제적으로 알려져 있다.

한스 크리스티안 안데르센(1805~1875)

'한스 크리스티안 안데르센'은 독일어로 읽은 것이고, 정확히는 호 세 안나센이라고 한다. 하지만 여기서는 완전히 정착되어버린 안데르센으로 표기하기로 한다.

안데르센만큼 세계적으로 알려진 덴마크 사람은 없다. 누구나 알고 있다. 무려 100개 국어로 번역되어 있다고 하니, 성경만큼 널리 퍼졌다고 하겠다. 그러나 그 생애는 불행한 운명으로 물들어 있다.

우선 할아버지는 정신병자였고, 할머니는 병적으로 거짓말을 하는 사람이었다. 그래서 반 친구들은 그를 조롱했다. 아버지 또한 몽상에 젖어 사는 성격이었다. 사생아였던 어머니가 그나마 견실하고 선량한 성격의 소유자였다고 한다.(물론 반대의 설도 있다.) 안데르센은 작품 속에서 그들을 아름답고 화려하게 꾸몄다.

그는 코펜하겐에서 가난과 싸우는 괴로운 날들을 보냈다. 성격이 엉뚱하고 별나서 기이한 행동을 자주 했다. 몇 차례의 연애에도 실패했는데, 모두 짝사랑이었다. 그는 평생 독신이었다. 숱하게 외국여행을 했고 그의 명성은 외국에서 높았다. 반면 조국에서는 한 명의 무명 시인에 불과했다.

"조국은 내 결점만을 비판하며, 신이 내려주신 내 재능을 이해하려 하지 않았다"고 그는 탄식했다. 그러곤 말한다. "언젠가 오덴세(태어난 곳)는 나를 자랑으로 여기게 될 것이다."

그는 조국의 몰이해를 저주했다. 그러나 그런 그조차 조국 덴마크가 프로이센군의 공격을 받았던 슐레스비히 전쟁에서는 조국을 위해 미친 듯이 변호하고 기도하며 호소했다. 그리고 조국이 패전의 구렁텅이에 빠졌을 때, 그의 정신 또한 깊은 슬픔으로 상처를 입었다.

안데르센

안데르센의 동화는 그와 육친의 인생을 투사하고 반영한 결과물이다. 「성냥팔이 소녀」은 사생아였던 엄마 이야기이고, 「미운 오리새끼」는 언젠가 백조가 되어 창공을 나는 그 자신의 백일몽이었다. 마침내 그는 62세에 고향 오덴세의 명예시민으로 기림을 받는다. 하지만 이미 그의 육체는 쇠약해져 있었다. 그리고 만년의 그는 거울에 비친 자기 얼굴이 정신병자였던 할아버지를 꼭 닮았음을 알았다. 1875년 8월 4일, 안데르센은 조용한 죽음을 맞이했다. "얼마나 행복한 일일까"라고 중얼거리며, 누군가를 껴안는 것처럼 두 손을 내밀면서.

안데르센은 「벌거숭이 임금님」 「인어공주」 「분홍신」 「미운 오리새끼」 등 168편의 주옥같은 동화를 세상에 내보냈다. 그 동화들은 더할 나위 없이 아름답고 또 잔혹하다. 안데르센은 덴마크의 자랑일 뿐만 아니라 세계의 보물이다.

코펜하겐 여기저기에 안데르센의 동상이나 동화 속 주인공의 동상이 있다. 또한 오덴세에는 안데르센 기념관이 있고, 언제나 많은 아이로 붐빈다.

학술 분야에서는 우선 영어학의 권위자 예스페르센(1860~1943)이 있다. 그리고 아주 유명한, 기독교적 실존철학의 쇠렌 키르케고르(1813~1855)가 있다. 『이것이냐 저것이냐』 『죽음에 이르는 병』을 비롯하여 독특한 사상, 철학 체계를 세웠다.

의학에서는 태양등太陽燈 치료로 유명한 핀센(1860~1904)이 눈에 띈다. 코펜하겐 공원에서 그의 동상을 볼 수 있다. 탐험가로서는 크누드 라스무센(1879~1933)이 있다. 그린란드 탐험으로 불후의 명성을 얻었는데, 코펜하겐 방파제에 그의 입상立像이 있다. 그 외에 덴마크가 문화·학술 면에서 세계적으로 수없이 많이 기여한 것은, 그것이 '작은 규모의 나라'에서 나온 것임을 고려하면 놀라운 점이 있다.

3
현대를 향한 강렬한 움직임

19세기 스웨덴 사회

나폴레옹 전쟁 뒤 19세기 스웨덴의 100년을 간단하게 일별하고자 한다. 물론 산술적인 의미의 100년이 아니므로 20세기도 조금 들어간다.

우선 19세기에 들어설 무렵에는 인구가 급격히 증가했다. 의학이 진보함에 따라 사망률이 줄어든 것이 주요 원인이었는데, 이는 서유럽 일반에 대해서도 그렇다고 할 수 있다. 1800년의 스웨덴 인구는 235만 명이었다. 1835년에는 300만 명을 넘고, 1900년에는 500만 명이 되었다. 그리고 1800년대 전반의 스웨덴은 아직 농업국으로, 인구의 5분의 4가 농업에 종사하고 있었다. 그러나 인공비료·종자 개량·농업 경영 근대화·협동조합 등이 도입되어 농업은 비약적으로 생산성이 늘어났다. 한편 공업이 발전하고 농촌 인구가 감소하기 시작했다.

그러나 1870년 무렵부터 미국·러시아에서 값싼 곡물이 서유럽에 대량으로 들어왔고 스웨덴도 크게 영향을 받았다. 동시에 이때부터 1910년 무렵까지 대규모 북아메리카 이민이 이어졌다. 그들은 북유럽과 비슷한 미네소타를 중심으로 모였다. 남북전쟁에서도 스웨덴 이민자 3000명이 북군 쪽에 참가했다. 북유럽계 이민자들은 미국 사회에서 성공했고, 그 자손들도 각계에서 활약하고 있다.(존슨·앤더슨·페터슨·에릭슨 등은 모두 북유럽계 이름이다.)

스웨덴이 근대 공업화를 이루게 된 주요 동력은 목재 산업의 발흥이었다. 스웨덴의 국토 절반 이상은 소나무·자작나무·전나무 등으로 이루어진 삼림이었다. 1800년대 중엽까지 그것은 아무런 가치도 없었다. 영국을 중심으로 인구가 갑자기 늘어나면서 주택 건설의 재목이 필요해졌고, 또 무엇보다 산업혁명 뒤에 유럽 전역에 공업화가 진행되면서 목재 수요가 급격히 늘어 스웨덴의 임업이 왕성하게 일어났다. 목재 산업은 폭발적인 성장을 보여, 1870년대에는 전체 수출의 50퍼센트를 임산품이 차지했고, 종이·펄프 공업이 각광을 받게 되었다. 또한 북부 키루나 철광산 지대도 품질 좋은 철광석이 주목을 받아, 베서머 방식으로 제철업이 일어남과 동시에, 철광석 수출도 급격히 성장했다.(키루나에는 처음에 몇 호의 농가가 있었을 뿐인데, 몇 년 뒤 인구가 7000명까지 급증했다.) 1905년에는 나르비크 항(부동항)으로 이어지는 철광 수송 철도가 개설되었다. 이와 아울러 수력발전 등 에너지 산업도 두드러지게 일어나기 시작했다.

바야흐로 스웨덴은 다각적인 산업 시대로 들어가는 입구에 서 있었다. 물론 철광·임산 자원·수력 등 자연자원이 풍부한 스웨덴도 석유·석탄 자원은 없었다. 그리하여 무역이 큰 의미를 갖게 된다.

한편 1809년에 발트해와 북해를 연결하는 요타 운하 건설이 시작되었고, 1832년에 완성돼 산업 동맥으로 적지 않은 역할을 했다. 그러나 그것도 철도가 발달함에 따라 자리를 내준다. 또한 1900년 무렵은 범선에서 동력선으로 전환되는 시기이기도 했다. 이때 해운·조선업도 발전했고, 20세기 초두에는 스웨덴 외국 해운의 절반을 자국에서 만든 배가 차지할 정도까지 되었다. 최초의 철도 건설은 1855년이었다.(스웨덴 예테보리 구간은 1862년) 또한 1897년에는 소규모이긴 하지만 자동차 산업이 기반을 닦았다.

우편 자체는 1630년대에 시작되었지만, 환換 업무를 포함한 우편 사업은 1855년부터 시작되었다. 전신은 1853년, 전화는 1880년, 라디오 방송은 1924년에 각각 사회생활에 들어왔다.

이 무렵 산업노동 인구의 증가와 더불어 노조가 결성되기 시작했다. 당시의 노동 조건은 열악했다. 노동자는 하루 12시간 노동을 강요당했고, 아동 노동도 자행되고 있었다. 1879년에는 대규모 노동쟁의를 군대를 동원하여 탄압하기도 했다. 그러나 1900년이 되면 여성의 지하노동이 금지되었고, 이듬해에는 노동재해보험이 도입되거나 해서 노동자 복지 정책이 시작된다. 최초의 노령연금은 1913년에 마련되었다. 물론 이것들은 사회주의적 정책이 아니라 인도적 이유에서 나온 것이었다.

특히 1845년에는 여성의 권리와 지위 개선을 향한 첫걸음을 내딛었다. 여자의 상속권을 남자와 평등하게 할 것, 미혼 여성의 권리를 성인 남자와 동등하게 할 것 등이었다. 이것들은 1921년의 여성 참정권으로 일단 완결을 보게 된다. 또한 여기에는 프레드리카 브레메르(1801~1865)의 여성운동이 큰 역할을 했다. 지금도 브레메르 협회가 활동하고 있는데, 온건한 여성운동이다. 물론 당시에는 과격하다고들 보았다.

스웨덴인은 전통적으로 음주의 폐해에 약했는데, 그것이 사회 문제가 되었다. 즉 밀주 생산이 일반화된 것이다.

이때 한 명의 목사가 일어나 금주운동을 시작했다. 페테르 비셀그렌이라는 교외교구 목사였다.

아무튼 1900년 무렵은 스톡홀름 항만 노동자들 등이 술로 급료의 일부를 받는 일도 있었다고 할 만큼 음주 문제가 격심한 시대였다. 비셀그렌은 일요일에 교회에 가면 남자 신자들은 술에 취해 있고, 종지기는 만취해서 곯아떨어져 종을 치는 것도 까먹고 있는 것을 보고 금주운동에 나설 결심을 했다. 이 운동은 순식간에 전국으로 퍼졌고, 금주협회가 설립되어 50만 명의 회원이 모였다. 일반 국민도 음주의 폐해를 통감하고 있었던 것이다.

금주운동은 기세를 타고 전면 금지시키는 국민투표 요구까지 갔다. 이 때문에 정당이 둘로 분열된 일도 있었다.(자유당) 결과적으로 전면 금주에 대해서는 다수가 반대표를 던졌고, 그 뒤 할당배급제

(1917~1955)를 거쳐, 절주節酒 즉 정부 전매 제도를 통한 통제·조절(레스토랑에서의 규제도 포함)을 도입하게 되었다. 주류 구입 제한 제도이고 알코올 중독자에게는 교정 조치를 취하게 되었다. 알코올 문제는 스웨덴 사회 병리 중 하나이고, 그 뒤 곡절을 거친 뒤 지금도 정부 전매 제도를 통한 느슨한 자유판매 제도를 유지하고 있다.

한편 정치 분야에서는 1866년에 의회법을 개정하여 이원제를 채택했다. 이와 함께 근대 정당 결성의 움직임이 일어나, 1889년에 사민당이 발족했고, 특히 얄마르 브란팅이라는 탁월한 지도자가 나와(최초의 사민당 수상) 당의 세력이 매우 빠르게 확대되었다.

외교 정책에서는 일관되게 전통적인 중립 정책을 지향했다. 그리고 급속도로 세력을 키우고 있었던 강력한 독일의 등장은 러시아에 대해 균형추 역할을 한다고 보아 환영했다.

19세기 스웨덴의 문화와 학술

이쯤에서 문화·학술에 대해서도 살펴보기로 하자. 거론할 만한 세계적인 지성·개성은 많지만 아주 대표적인 인물로 범위를 좁히면, 예를 들어 1880년대 리얼리즘 문학을 대표하는 아우구스트 스트린드베리(1849~1912)가 있다. 『붉은 방』과 『줄리 양孃』 『바보의 고백』 등 뛰어난 작품이 많다. 후기에는 상징주의 색채를 띠었다. 스트린드베리가 살았던 '푸른 탑'은 지금도 공개되어 있다. 이어서 신낭만주의의 대작가 셀마 라겔뢰프(1856~1940)가 있다. 『예스타 베를링의 이야기』 『예루살렘』을 비롯하여 많은 소설을 썼고, 『닐스의 신기한 모험』

으로 세계적으로 알려졌다. 필자도 그녀의 작품을 꽤 읽었는데 문장이 참으로 아름답다. 스웨덴 문학교과서에도 수록된 것은 당연한 일이라 하겠다. 아카데미 최초의 여성 회원이었고 노벨문학상을 탔다.

알프레드 노벨 (1833~1896)

정확히 따지자면 악센트가 '베'에 오지만, '노'에 악센트가 오는 영어식 발음으로 정착되어버렸다. 이런 사례는 이 밖에도 많다. 여기서는 일반적인 발음에 따르기로 한다. 1968년 가와바타 야스나리의 노벨상 수상식을 대사관 직원으로 도와드렸을 때, 무슨 이야기를 하다가 이 사실을 알려드렸더니 가와바타 선생은 즉각 만찬회에서든 인터뷰에서든 '베'에 악센트가 오게 발음하셨고, 그걸 알아챈 스웨덴 사람들을 놀라게 만든 일이 있었다.

그건 그렇고 노벨에 대한 설명은 거의 불필요하리라 생각하므로, 흔히 알려져 있지 않은 사실 두세 가지를 들고자 한다. 우선 평화상을 노르웨이 오슬로에서 수상

노벨

하는 이유는 몇 가지 설이 있는 가운데, 당시는 노르웨이의 분리독립 문제로 스웨덴과 일촉즉발의 위기가 이어졌던 시기였고, 이를 염려한 노벨이 두 형제국의 우호와 평화를 구하여 노르웨이 쪽에 평화상을 맡기기를 바랐다는 추측이 유력하다. 또한 1968년에 중앙은행 창설 300년을 기념하여 생긴 경제학상은 노벨의 유지遺志와는 아무런 관계가 없다. 스웨덴의 국가적 홍보를 위해 노벨이 이용당했을 뿐이라는 이야기다. 그 뒤 건축·음악 및 그 밖의 상을 추가하자는 논의도 있었지만, 노벨 재단은 확대하지 않기로 결정했다.

노벨상이 세계와 인류에 끼친 공적은 유례없이 위대하다. 나는 '이만큼 세계적으로 된 상은 이제 스웨덴에서 분리해 제삼자 성격을 띤 국제기관을 만들어야 하지 않나' 생각하고 있다. 예를 들어 국제연합 안에 중립 · 공정 또 권위 있는 국제적 문화학술 선고 기관을 만들거나 해서 말이다. 그것이 5개 국어를 할 줄 알았고 국제인이기도 했던 노벨에 어울리는 일이 아닐까.

그런데 노벨은 위대한 과학자임과 동시에, 시와 문학을 사랑하는 고독한 사상가로서 독신으로 생애를 마친 사람이었는데, 이에 대해서도 두세 가지 추측이 있다. 애정을 배신당한 여성과의 관계도 있었다. 그러나 노벨의 어머니가 매우 훌륭한 사람이라, 어머니를 너무 존경하고 사랑했기 때문에 마침내 어머니보다 더 나은 여성을 찾아내지 못한 채 독신으로 생을 마쳤다는 설이 유력하다.

노벨재단 사무소에도 노벨의 어머니를 그린 커다란 유화가 걸려 있다.

오세베르이 바이킹의 세부

회화에는 안데르스 소른(1860~1920)이 있다. 「목욕하는 달라나 지방의 소녀들」을 그려 국제적으로 유명해졌다. 조각에서는 북유럽 3대 조각가 중 한 명인 칼 밀레스(1875~1955)가 있다. 스톡홀름 야외조각 공원에 그의 작품이 수집·전시되어 있다. 음악에서는 특히 언급할 만한 국제적인 작곡가가 드물고, 오히려 오페라 가수 중에 세계적인 명성을 얻은 명가수가 몇 명 있다.

그 외에 스톡홀름시 청사를 설계한 것으로 유명한 건축가 랑나르 외스트베리(1866~1945)를 비롯하여 적지 않은 건축가가 있다. 또한 여성운동의 선구자 엘렌 케이(1849~1926)도 스웨덴 사람이다.

학술 분야에서는 누가 뭐래도 알프레드 노벨(1833~1896)일 것이다. 다이너마이트를 비롯하여 다수의 특허품으로 거대한 부를 쌓았고, 그 유산을 기금으로 삼아 노벨상이 설립된(1896년) 사실은 누구나 알고 있을 터다. 화학·식물학·약학으로 유명한 옌스 베르셀리우스(1779~1848), 웁살라대학의 물리학자 닐스 달렌 교수(1869~1937)도 과학·기술 분야에서 스웨덴에 많은 기여와 공헌을 했다. 또한 '북동회로北東回路의 발견'과, 베링 해협을 빠져나와 일본에 기항했던 노르덴셸드(1832~1901)나, 중앙아시아의 『방황하는 호수』로 유명한 탐험가 스벤 헤딘(1865~1952)도 스웨덴 사람이고, 이외에도 미처 다 적지 못한 긴 목록이 남아 있다.

제5장

독립 시대

1
노르웨이의 영광과 쇠퇴

중세 노르웨이의 번성기: 여러 왕의 활약

북유럽사는 덴마크와 스웨덴을 중심으로 전개되는데, 그 배경에는 노르웨이와 핀란드가 각각 덴마크·스웨덴 및 차르 러시아의 지배 아래에 놓여 있었고, 두 나라 모두 근대에 들어오고 나서 독립한 사정이 있다. 게다가 스웨덴마저 덴마크에 반란을 일으켜 독립을 얻은 나라다. 따라서 북유럽 정치사의 전개는 스웨덴의 독립(1523년), 노르웨이의 독립(1905년), 핀란드의 독립(1917년)에 이르고, 다시 아이슬란드가 독립함으로써(1944년) 그 분열 과정이 끝나 북유럽 5개국 독립이 실현되었던 것이다.

그사이 노르웨이는 덴마크의 속주屬州로 있다가 상당한 정도의 자치권을 얻는 단계를 거치고, 스웨덴과의 동군同君 연합을 거쳐, 19세기 후반에 국민적 염원이었던 독립을 달성한다. 그러나 노르웨이는 일찍이 바이킹 시대에 스웨덴 바이킹, 덴마크 바이킹과 나란히 해양에 나서, 미지의 땅에서 모험과 활동의 에너지를 분출했던 극적이고 활력으로 넘치던 민족이었다.

바이킹 시대(800~1030)의 노르웨이는 참으로 발전과 확대의 시기였다. 오슬로 교외 빅되이 땅에 바이킹 박물관이 있고, 여기에 1904년에 발굴·복원된 오세베르이의 바이킹 배가 전시되어 있다. 그것은 옛날 노르웨이 바이킹의 영광을 말해주는 것인데, 이 시대에 노르웨이의 통일과 기독교화가 일어났다. 900년부터 940년경 미발왕 하랄이 통일을 이룩했다.

노르웨이 역사에서는 미발왕 하랄부터, 1319년의 망누스 에릭손에 의한 스웨덴·노르웨이 동군 연합까지의 시대를 '사가 시대' 혹은 '독립 시대'라 부르는데(사가는 북유럽의 옛 전설 내지 이야기를 가리킴), 이사이 하랄부터 망누스까지 30명의 국왕이 이어졌다.

이들 가운데 주요 국왕은 제2장에서 다루었는데, 이들은 13세기 아이슬란드의 시인정치가 스노리 스툴루손이 쓴 『헤임스크링글라 Heimskringla』(노르웨이 옛 왕들의 열전)라는 책을 원전으로 삼은 여러 책에 바탕을 둔 것이다. 그 외에도 선행왕善行王 망누스, 맨발왕 망누스, 유화왕柔和王 올라프 등이 있는데, 특별히 다룰 것까지는 없다.

이사이 노르웨이는 왕위를 둘러싸고 100년 넘게 격렬한 내란·내전에 휩싸여 국왕의 통치는 명목상의 행위에 불과했다. 노르웨이 서남부와 트론헤임 지방에 자리 잡은 두 개의 큰 세력이 대립하고 싸웠다. 그것도 이윽고 중앙집권 통치로 수렴되었다.

그러나 이 무렵의 노르웨이는 가장 융성했다. 지금의 스웨덴 중서부를 포함하는 노르웨이 전역, 페로제도, 세틀랜드제도, 오크니제도, 헤브리디스, 만섬과 아이슬란드, 그린란드도 판도에 들어와 있었다.(훗날 헤브리디스, 오크니제도, 만섬은 영국에 할양.)

또 기독교는 벌써 노르웨이 전역에 착실히 뿌리내려, 노르웨이 대주교좌가 트론헤임(니다로스)에 설치되었고(1153년. 니다로스 대성당 건설은 1300년 무렵), 국내는 트론헤임·오슬로·베르겐·스타방에르·하마르 다섯 교구로 나뉘었다. 주목할 만한 점은, 노르웨이 최북부의 유목민 라프(사메)족族 사이에 기독교를 전파하려 노력했다는 것이다. 그리고 이 무렵부터 독일 한자 동맹의 힘이 노르웨이 통상 무역에서 독점적인 지위를 차지하게 되었고(수출품은 말린 물고기·수피獸皮 등이고, 수입품은 곡물이 주를 이루었다) 그와 더불어 노르웨이의 국가적 쇠퇴가 시작되었다.

특히 베르겐은 한자 무역의 중심지로서 외국 상인이 영업하는 상점이 끊임없이 지어졌고, 한자 상인은 잇따라 특권을 얻었다. 호콘 5세(재위 1299~1319)는 한자 세력의 확대를 저지하려 했지만 이미 시기를 놓쳤다. 더구나 국왕에게는 세자가 없었던 탓에 노르웨이는 스웨덴 국왕을 추대하게 되어버렸다.(제2장 참조)

노르웨이의 쇠퇴: 칼마르 동맹 이후

노르웨이는 스웨덴과 연합했지만, 곧 호콘 6세(재위 1355~1380)가 노르웨이 국왕이 되어 귀국함으로써 노르웨이는 스웨덴에서 벗어났다. 그가 노르웨이 최후의 국왕이다. 그 뒤 1905년 독립할 때까지 노르웨이는 덴마크 국왕을 받들었고, 이어서 스웨덴 국왕을 받들게 된다.

호콘 6세는 덴마크의 마르그레테 여왕과 결혼했다. 그 아들 올라프 4세는 호콘이 죽기 전에 덴마크 왕으로 추대되어 있었다. 그리고 이제 노르웨이 국왕도 겸하게 되었다. 올라프 4세는 재위한 지 불과 7년 만에 죽었지만 덴마크·노르웨이 연합은 이어졌다.(마르그레테 여왕) 2년 뒤에는 포메라니아의 에리크를 국왕으로 받들었고, 이어서 1397년 칼마르에서 스웨덴도 참가하여, 유럽 최대의 북유럽 3국 연합 왕국이 성립되었다. 참고 삼아 말하자면, 13~14세기 북유럽 3국의 인구는 덴마크 약 100만 명, 스웨덴 50만 명, 노르웨이 50만 명 정도였다.

스웨덴은 그 뒤 두세 차례 덴마크로부터 단속적으로 벗어나 반란을 계속 일으켜 125년 뒤에 독립했지만, 노르웨이는 500년에 걸쳐 덴마크와 스웨덴의 지배 아래서 복종했다.

바이킹 시대에 생기 있고 활기차게 장대한 해외 모험과 발전을 이루었던 노르웨이는 무슨 이유로 급격히 그 에너지를 잃어버렸던 것일까. 특히 15~16세기에는 덴마크의 속주 처지로 떨어지고 말았다.

여기에는 두 가지 설명이 있다. 하나는 흑사병으로 인구의 절반을 잃어버렸기 때문이라는 것이다. 이로써 오랜 기간 국토가 황폐했었다는 해석이다. 흑사병은 1347년 아시아에서 시칠리아섬을 경유하여

유럽에 퍼져, 당시 유럽 전 인구의 3분의 1이 사라져버리는 엄청난 재앙을 가져왔는데, 노르웨이에는 1349년 베르겐으로부터 들어와 덴마크·스웨덴으로 퍼졌다.(두 나라는 독일로부터도 들어왔다.) 아이슬란드는 훨씬 더 늦게 1402~1404년에 들어왔다.

흑사병은 덴마크와 스웨덴에서도 맹위를 떨쳐, 각각 인구의 절반을 잃었다고 한다. 노르웨이만 그런 게 아니었던 것이다. 그런데 그 당시 많지도 않았던 귀족 계급이 가장 큰 피해를 입어, 귀족 자녀들은 그 뒤 덴마크·스웨덴 귀족과 결혼하는 이가 늘었고, 이로 인해 귀족 계급이 궤멸되어 국민적 활력의 핵심을 잃었다는 것이다.(일설에는 270여 귀족이 60여 귀족으로 줄었다고 한다.)

또 하나는 그 무렵 세력을 늘리고 있던 한자 동맹이 빠른 속도로 발전하여(70개 도시를 연합하고, 뤼베크를 맹주로 삼았다) 노르웨이에서 독점적 경제권을 누렸고, 이로써 노르웨이 국내에서 도시자유민·부르주아가 발생하는 것을 억제했기 때문이라고 말하는 이들도 있다.

덧붙여 덴마크가 프로테스탄트로 개종한 여파가 노르웨이에 밀어닥친 것도 배경으로 작용했다. 니다로스 교회 대주교 올라브 엥엘브렉트손은 이에 대해 저항했다. 그것은 노르웨이 내셔널리즘의 투쟁이라는 성격도 띠었지만 국내에서 강력한 지지 세력을 모으는 데까지는 가지 못했다. 그는 국외로 탈출해 네덜란드로 도망쳤다.(1537년) 그 후 루터파로 개종하는 일이 강행되었다.

이 무렵 농민의 토지 소유는 스웨덴에서 국토의 절반가량, 노르웨이에서 4분의 1, 덴마크에서 8분의 1이었다. 국왕 소유지는 적었고 귀족과 교회 소유지가 많았다.

이렇게 노르웨이는 덴마크에 종속되어 정치적으로는 사실상 자치주 같은 지위가 되었는데, 그러나 이 무렵부터 한자 세력은 쇠퇴하기 시작하고, 노르웨이의 경제 산업은 발전하기 시작했다.

이는 요컨대 내셔널리즘과 함께 부르주아가 대두했음을 가리킨다. 베르겐은 수산물을 중심으로 하는 통상 중심지로서 번영을 계속하고 있었는데, 한편으로 크리스티안 4세(재위 1588~1648)는 노르웨이에 적극적인 관심을 갖고, 조선업을 장려하며 오슬로를 정비하는 데 힘을 쏟아, 1624년 큰 화재 뒤 부흥·재건된 오슬로에 크리스티나니아라는 이름을 붙였다.(이 이름은 1924년 다시 오슬로로 돌아간다.)

크리스티안 4세 아래에서 은산銀山과 동산銅山이 개발되었고 제철업도 발달했다. 그리고 핀마르크 지방은 노르웨이령으로 확정되었다.

이 시기에는 스웨덴과 덴마크가 계속해서 사투를 벌이기도 했다. 덴마크는 스코네(스카니아) 지방(스웨덴 남부로 본래 덴마크령)을 잃었고, 또 노르웨이 중앙 동부의 옘틀란드, 헤르예달렌, 남부의 부후슬랜 등을 스웨덴에 빼앗겼을 무렵이다.

한편 노르웨이는 덴마크 본국의 절대왕정을 인정하고 있었다. 따라서 많은 덴마크인 관리가 들어왔다. 동시에 17~18세기 절대왕정 아래에서 노르웨이 산업은 차츰 확대되고 있었다. 농업에는 개량농법이 도입되었고, 자유농민이 늘어났다. 또한 런던 대화재(1666년) 뒤의 재건·부흥 사업으로 노르웨이 목재에 대한 수요가 늘어나, 농민에게 이익을 가져다주었다. 중농주의重農主義가 세력을 얻었고, 곧

18세기 후반 경제자유주의 시대가 된다. 외국 자본과 함께 외국인 경영자·기술자·노동자들이 들어와 도시 주민이 되어 동화되고 정착하여 자유시민 계급을 형성했다.

이 무렵에는 노르웨이 상선들이 급속도로 늘어나, 18세기 말에는 선진 해운국 덴마크·네덜란드를 능가하는 선박을 보유하게 되었다. 19세기의 해운국 노르웨이의 기초가 완성되는 단계였다. 그것은 아메리카 신대륙의 독립과 발전을 배경으로 하고 있었다.

또한 문화·학술 면에서도 프랑스·영국 등이 영향을 미치며 이와 함께 노르웨이인의 국민적 자각이 싹튼다.

일찍이 있었던 영광스런 노르웨이 고대사가 다시 쓰이고 읽혀, 서서히 국가적 각성의 시대사조가 고조되어갔다. 그리고 나폴레옹 전쟁으로 인한 동란이 이러한 민족 감정에 불을 붙였다.

2
노르웨이의 독립

에이드스볼 헌법

노르웨이는 나폴레옹 전쟁의 영향으로 심대한 타격을 입었다. 영국의 해상 봉쇄 때문에 무역이 축소된 것이다. 곡물·식량 수입이 끊겨 노르웨이는 기아 상태에 빠졌다. 게다가 흉년으로 인해 곤란은 더욱 가중되었다. 그리고 1813년 10월 라이프치히 전투에서 승리를 거둔 칼 요한은 덴마크로 진군해 항복을 받아내고는 1814년 1월 14일 킬 조약을 체결했다. 킬 조약은 덴마크에서 노르웨이를 분리시켜 스웨덴과 연합할 것을 규정했다.

덴마크의 프레데리크 4세는 종형제 크리스티안을 노르웨이 총독으로 삼아 오슬로에 파견하고 있었다. 크리스티안은 노르웨이 대표자 집회를 소집하여 국정에 대한 의견을 구했다. 그러나 킬 조약이 체결된 뒤 프레데리크는 크리스티안에게 덴마크로 귀국할 것을 요구했고, 크리스티안은 이를 거절했다. 그는 노르웨이 지도자들과 협의한 뒤 섭정 자리에 오를 것을 결의했다.

그러곤 에이드스볼(오슬로 북방 약 60킬로미터)에 국민 대의원代議員 집회를 소집했다. 이 지역에 크리스티안의 친구이자 대사업가 양커 카르스텐의 저택이 있었기 때문이다.

국민 집회는 4월 10일에 열렸다. 대표는 112명이었는데, 절반 이상은 정부 관계자였다. 즉 관리 · 목사 · 군인이 57명, 농부가 37명, 상인이 18명이었다.

여기서 다수파는 독립을 주장했고, 소수파는 스웨덴과의 연합을 희망했다. 전자는 관리와 농민이 많았고, 오슬로 지구의 팔센 판사가 지도자 역할을 맡았다. 후자는 얄스보리 백작이 지도자였고 상인이 많았다.

집회의 목적은 무엇보다 헌법을 제정하는 데 있었다. 이를 위한 위원회를 설치했고, 팔센이 의장이 되었다.(그래서 팔센을 '헌법의 아버지'라고 부르게 된다.) 또한 칼스텐 저택은 훗날 '헌법관'이라는 이름으로 국유재산이 되어 보존된다.

5월 17일, 헌법 초안이 승인되었고 같은 날 크리스티안은 전회全回 일치로 노르웨이 국왕으로 추대되었다. 노르웨이는 자유로운 독립 국가가 되었다. 몽테스키외의 삼권분립, 프랑스 헌법, 당시 네덜란드의 바타비아 헌법, 스웨덴 헌법 등을 참고했다. 왕권을 제한하고 인권 규정을 두었으며, 의회가 중심적인 위치를 차지했다. 의회는 상원(전체

의원의 4분의 1), 하원(전체 의원의 4분의 3)으로 구성된 변칙적인 일원제였는데, 대부분의 법안을 양원 합동회의에서 심의하도록 규정했다.

그 뒤 노르웨이는 스웨덴과의 동군同君 연합에 들어갔는데, 이 헌법은 몇 차례 수정을 거쳐 현행 헌법이 되었다.

한편 열강은 오슬로의 상태에 의혹을 품고 조사단을 파견했다. 그들은 크리스티안이 반란 계획을 펴고 있는 것이 아니라는 사실을 알았지만, 열강은 크리스티안을 노르웨이 국왕으로 인정할 수 없었다. 크리스티안도 이 점을 이해하고 있었다.

머지않아 스웨덴 서남부 국경 요새를 파괴하라는 요구를 노르웨이 쪽이 거부함으로써 두 나라 사이에서 군사 충돌이 일어났다. 그러나 갑자기 편성된 노르웨이군은 장비·인원 양면에서 월등한 전력을 보유한 스웨덴군의 적수가 되지 못했다. 노르웨이군은 국왕의 명령으로 퇴각한 뒤 교섭에 들어갔다.

칼 요한은 노르웨이의 자치를 인정했고, 다만 외교·군사만 스웨덴이 책임을 갖는 형태로 합의에 도달했다. 크리스티안은 퇴위하여 덴마크로 돌아갔고, 이로써 노르웨이는 스웨덴과의 동군 연합에 들어가게 되었다. 곧 칼 요한은 칼 14세로서 스웨덴 및 노르웨이 국왕으로 즉위했다. 스웨덴과 노르웨이는 자격과 지위가 동등한 연합국으로 간주되었다.

그렇더라도 가령 노르웨이 상선 무리는 스페인 서쪽 끝 피니스테레곶부터 그 서쪽에서 자기 국기를 게양하는 것이 허용되지 않았다. 거기서부터는 스웨덴 국기를 게양해야 했다. 스톡홀름에는 노르웨이 정부의 대표 연락사무소를 두어, 노르웨이의 국익에 관한 내정 문제에 관해 의견을 제시하고 협의에 참가할 수 있었다. 외교 문제는 여기에 포함되지 않았다.

연합은 이후 1905년까지 이어지는데, 그사이 국내 정세는 아래에서 서술하기로 한다.

연합 시대

덴마크에서 분리된 노르웨이는 나폴레옹 전쟁이 남긴 후유증이 겹쳐 경제 전반에서 정체와 곤란을 겪었지만, 이내 수산업을 중심으로 산업활동을 회복하고 확대해나간다.

그러나 덴마크와의 연합 시대에 유통되던 통화를 정리하는 일 등으로 인해 금융 불안이 생겨, 1816년 중앙은행을 설립해 새로운 통화를 발행했다. 어떻게든 재정을 안정시키고 경제 산업을 회복하며 확대하는 데 목표를 두었던 것이다.

한편 칼 요한은 스웨덴에서도 그랬듯이 노르웨이에 대해서도 정치적 보수주의를 밀어붙이려 했다. 그 의도는 특히 왕권을 확대하려는 것이었는데, 노르웨이가 이를 거부하며 저항했다.

칼 요한은 또 5월 17일 에이드스볼 헌법 기념 집회를 탐탁지 않게 보았다. 그는 그것이 연합과 그 자신에 대한 야유라고 해석했다. 그는 앞서 언급한 것처럼 나폴레옹 전쟁에서 정략적 재능을 발휘하여 스웨덴을 구했지만 그 뒤 국내 정치에서는 스웨덴에서도, 새롭게 동군 연합국이 된 노르웨이에 대해서도 보수적이고 고집스러운 국왕이 되어 국민의 신뢰를 얻지 못했다.

시대는 이미 근대의 입구에 다가서고 있었다. 1830년 프랑스에서 7월 혁명이 일어났다. 이는 노르웨이의 자유주의와 내셔널리즘에 불을 붙였다. 농민들의 의회 진출이 시작되었고, 지방자치법이 제정되었다. 노르웨이의 국가적 자각이 높아졌고 스톡홀름의 정부 대표는 노르웨이에 관한 외교 문제 협의에 참가할 수 있게 되었다. 또한 1838년에는 노르웨이 선박이 전 세계 해상에서 자국기를 게양할 수 있게 되었다.

그리고 1800년대 중엽이 되면, 노르웨이에도 스웨덴·덴마크에서 일어났던 범스칸디나비아주의 열기가 일어났다. 특히 스웨덴의 오스카르 1세와 그 아들 칼 15세는 이 운동의 열렬한 지지자였다. 운동은 주로 학생·지식인이 중심이었고, 북유럽 삼국에서 잇따라 범스칸디나비아주의 대회가 열렸다. 이때 공교롭게도 슐레스비히 전쟁이 일어났다. 스웨덴은 유틀란트를 지키기 위해 군대(노르웨이 병사가 들어가 있었다)를 파견했지만 명목적인 것이었다. 러시아와 영국의 압력 때문에 휴전했지만, 전투는 곧 재개되었다. 오스카르 1세는 이번에는 더 소극적으로 대처했다.

애초부터 범스칸디나비아주의는 스웨덴·노르웨이 정치가들의 관심사가 아니었다. 결국 슐레스비히 전쟁은 열강의 압력으로 막을 내렸다.

그리고 크림 전쟁이 일어난다.(1853~1856). 스웨덴은 러시아로부터 핀란드를 돌려받을 좋은 기회라고 판단했다. 그러나 오스카르 1

세의 스웨덴은 중립을 선언했다. 물론 스웨덴은 기회를 보아 중립 정책을 버리고 참전하는 것도 고려하고 있었다.

한편 이 무렵 노르웨이 최북단 지방에 거주하는 라프인들이 핀란드 국경을 넘는 일이 일상화되어 있었다.(라프인은 순록을 방목하며 사는 소수민족이다.) 또한 러시아는 노르웨이 핀마르크 지방을 차지하려는 의도를 갖고 있었다. 그래서 스웨덴은 영국·프랑스의 보호를 구하는 조약을 맺었다.(1855년)

1856년 웁살라에서 사상 최대 규모의 범스칸디나비아주의자 대회가 열렸고, 오스카르 1세와 프레데리크 7세는 이것을 격려하는 메시지를 보냈다.

프레데리크 7세에게는 세자가 없었다. 범스칸디나비아주의의 정치적 측면은 스웨덴을 맹주로 삼은, 중세의 칼마르 동맹을 재현하는 데 있었다. 그러나 결국 덴마크는 그뤽스부르크가로부터 국왕을 맞이했다.

오스카르를 이은 칼 15세도 열렬한 범스칸디나비아주의자였다. 그는 프레데리크에게 스웨덴·노르웨이군 2만 명을 파병하기로 약속했다. 이리하여 프레데리크의 슐레스비히 병합으로, 프로이센·오스트리아와의 제2차 슐레스비히 전쟁이 일어났다. 그러나 스웨덴 정부는 국왕에 반대했고, 스웨덴·노르웨이군 파견은 실현되지 않았다.

덴마크는 고립무원의 상태에서 싸우다 패배하여 슐레스비히와 홀슈타인을 모두 잃었다. 범스칸디나비아주의의 이상은 좌절되어 거품처럼 사라졌다.

19세기 노르웨이 사회

1800년대 후반에 들어설 무렵부터 노르웨이는 경제·사회 면에서 변화하고 발전하는 시대를 맞이한다. 근대 노르웨이가 형성되는 과정이었다. 산업·경제 생활은 매우 빠르게 기계화되었고, 교통·통신·운송은 비약적으로 확대되기 시작했다.(1851년 최초의 철도, 1854년 최초의 전신·전화) 요컨대 산업혁명이 시작된 것이다. 특히 오슬로·베르겐 지역을 중심으로 섬유·펄프·종이 공업을 중심으로 삼아 증대되고 있었다. 풍부한 수력전기를 배경으로 삼아 화학공업도 일어났다. 또한 유럽·미국의 산업혁명과 함께 노르웨이 해운이 계속 발전하여 해운대국이 되어갔다. 마침 범선帆船 시대에서 증기선 시대로 옮겨가던 시기이기도 했다.

그 뒤 스벤 푄이 포탄처럼 날아가는 현대식 작살을 발명하여 포경업도 발전하고 있었다. 수산업에서도 기계화·합리화가 도입되어 어획량이 늘어났다.

그 결과 도시 인구가 급격하게 증가했고 동시에 북아메리카 이민도 시작되었다. 이민이 가장 많았던 시기는 1879년부터 1893년이며, 제1차 세계대전과 함께 이민 물결은 멈추었다. 그때까지 노르웨이에서 이민 간 숫자는 50만 명 전후에 달했다.(스웨덴·덴마크 이민을 포함하여 북유럽계 이민들은 북유럽 풍토에 가까운 미네소타·다코타 주변에 집중되었다.)

이 무렵 노르웨이 최초의 사회주의 운동도 일어났다. 마르쿠스 트라네라는 사회운동가가 조직했는데, 생디칼리슴(19세기 말에서 20세기

초에 프랑스와 이탈리아를 중심으로 일어난 노동조합 지상주의) 경향 때문에 체포당하는 이들이 나와 조직은 사라졌다. 그러나 그 뒤 노동운동에 큰 영향을 끼쳤다. 노동운동에서 시작된 것이 정치운동으로 진행되어 정당 결성을 촉진하게 된 것이다.

이리하여 혁신 세력은 자유당을 결성했다.(1869년, 흔히 좌파당이라 불렀다.) 자유당은 보통선거 및 스웨덴과의 대등한 연합을 주장했고, 변호사 스벨도르프의 지도 아래 당의 세력을 넓혔다. 짝을 이루는 보수파는 또한 유능한 변호사 스탕 아래서 당의 세력을 발전시켜 이미 정권을 잡고 있었다.(1861~1880년, 흔히 우파당이라 불렀다.) 한편 그 때까지 3년마다 열렸던 의회를 매년 개최하고(1871년), 또 스웨덴 정부의 노르웨이 대표부를 폐지하여 민주정치를 확립했다. 스벨도르프 자유당은 1884년 정권을 잡아 보통선거를 도입하고 교육·사법을 개혁했다. 그러나 자유당은 온건파와 급진파로 분열되었다. 이 틈을 타고 스탕 2세(에밀 스탕, 변호사)가 우파당을 개혁하여 정권을 잡았다.(1887년)

1887년에 노동당이 발족해 그 뒤 정권은 독립 문제를 중심으로 해서 어지러이 교체되었다.(참고로 보통선거는 1898년, 여성참정권은 1913년이다.)

독립

이 무렵부터 독립 문제가 급격히 부상한다. 노르웨이의 해운이 발전함에 따라 노르웨이 선원 보호를 목적으로 하는 영사領事 제도가 필요해졌고, 그것이 내셔널리즘의 고양과 결부된 것이다. 이리하여 의회는 노르웨이 영사 업무 독립 법안을 통과시켰다.(1892년) 그러나 국왕이 이를 거부했다. 스웨덴 여론은 강경해졌고, 군대를 동원해야 한다는 주장까지 나왔다. 위기감에 휩싸인 노르웨이는 군사력을 증강하기 시작했다. 스웨덴과의 국경에는 요새를 쌓았다. 스웨덴 정부는 협의에 응할 태도를 취했는데, 당시 노르웨이는 미켈슨 내각(보수 삼당연립)이 들어섰다.

국왕이 영사 제도에 대해 양보하기를 거부하자 내각은 사직했다. 국왕은 사직을 인정하는 것마저 거부했다. 스웨덴 함대는 노르웨이로 출동할 예정이었고, 전쟁 기운이 높아졌다.

1905년 6월 7일, 노르웨이 의회는 스웨덴과의 연합관계가 종료되었다는 뜻을 담은 결의안을 통과시켰다. 또한 정부는 이것을 국민투표에 부쳤는데, 결과는 전 국민의 일치된 지지였다.(37만 표 대 200표)

이로써 스웨덴은 마지막으로 협의하기로 했다. 더 이상 노르웨이의 독립을 막을 수 없음을 이해한 국왕(오스카르 2세) 및 사민당 내각은 필사적으로 노력하여 여론을 진정시키고, 난관이 많았던 교섭 끝에 마침내 칼스타드에서 노르웨이 분리·독립에 합의했다.

노르웨이는 스웨덴 왕가에서 국왕을 맞이하고 싶어했지만, 결국 크리스티안 9세 덴마크 국왕의 차남 카를 왕자를 국왕으로 맞이했다. 한편 공화정을 지향하는 목소리도 강했기 때문에 국민투표를 하게 되었다. 그 결과 약 26만 표 대 7만 표로 왕정 도입 의사가 대다수 국민의 목소리임을 확인했다.

1905년 11월 25일, 카를 왕자가 아들 알렉산드르를 데리고 크리스티아니아에 도착하자 미켈슨 수상이 국민을 대표하여 맞이했다. 카를은 호콘 7세(재위 1905~1957)가 되었고, 왕자도 노르웨이 이름 올라브로 개명했다. 둘 다 유서 깊은 고대 노르웨이 국왕의 이름이었다.

같은 해 11월 27일 의회는 전회 일치로 이를 승인했다. 노르웨이는 스웨덴과 맺은 91년간의 연합, 덴마크를 포함시키면 516년이 지나 독립했던 것이다.

19세기 노르웨이의 문화와 학술

여기서 내셔널리즘이 한창 일어났던 19세기 노르웨이의 문화와 학술 상황을 살펴보기로 하자. 우선 근대 연극에서 『인형의 집』 등을 쓴 저 유명한 헨리크 입센(1828~1906)이 있고, 『양지 바른 언덕』의 비에른스티에르네 비에른손(1832~1910)은 그와 함께 노르웨이 문학의 두 거인이다.(노르웨이 국립극장 앞에 이 두 사람의 동상이 있다.) 20세기에 들어오면 『굶주림』의 크누트 함순(1859~1952)과 『예니』의 시그리드 운세트(1882~1949)도 나왔다.

회화에서는 두말할 나위 없는 표현파의 거장 에드바르 뭉크(1863~1944)가 있다. 그리고 조각공원 프로그네르 비겔란으로 세계적으로 유명한 북유럽 3대 조각가 중 한 명인 구스타브 비겔란(1869~1943), 음악에서는 「페르귄트」의 에드바르 그리그(1843~1907)가 있다.

프리드쇼프 난센(1861~1930)

노르웨이가 낳은 위대한 탐험가이자 인도주의자이기도 한 난센은 우선 그린란드를 스키로 횡단하는 터무니없는 모험의 성공으로 유명해졌다. 눈과 얼음으로 덮인, 영하 40도의 한랭지옥을 2개월에 걸쳐 탐험하고 조사했다. 이어서 북극 탐험을 계획했다.

난센은 '이누이트들이 죽은 순록들과 얼음 지하에서 행복하게 살고 있고, 그것을 지키며 얼음 거인들이 오로라 아래에서 미친 듯이 춤추고 있다'는 극지로 향할 결심을 했다. 이를 위해 거대한 얼음덩어리들의 압력을 받아도 짓눌려 부서지지 않고 떠오르도록 설계된 특별한 배를 만들었다. '프람(전진前進)호'였다. 그와 일행은 표류하는 해빙과 얼음 들판 속에서 3년 동안 탐험 · 조사하여 많은 학술적 성과를

난센

1895년의 '프람호'

거둔 뒤 귀국했다. 국민은 열광적으로 난센의 귀국을 환영했다.(이 '프람호'는 오슬로 교외 빅되위 해양박물관에 보존되어 있다.)

정부는 이제 세계적인 명성을 얻은 난센을 내버려두지 않았다. 난센은 정부와 국민의 요망에 부응하여, 노르웨이의 독립을 위해 정치적 활동을 시작한다. 그리고 노르웨이는 독립했다. 그 뒤 난센은 대사로서 영국에서 일했다. 곧이어 제1차 세계대전과 러시아 혁명이 일어나 엄청난 난민과 유민이 발생했다. 국제연맹은 난센을 위해 '난민사무국'을 설치했다. 난센은 동분서주하며 정력적으로 활동했다. 몇백만 장이나 되는 난민 여권(난센 패스)을 발행해 700만 명을 구제했다고 한다. 그러나 그렇게 바쁜 생활 속에서도 그는 노르웨이 국기를 내걸고 눈과 얼음의 들판을 헤쳐가는, 자신과 동료들이 했던 모험으로 돌아가고 싶은 그리운 마음을 줄곧 품고 있었다.

그는 참으로 위대한 현대의 바이킹이었다.

학술 분야에서는 '아벨의 적분積分'으로 유명한 닐스 아벨(1802~1829), 나병의 병원균을 발견한 아르메우에르 한센(1841~1912, 문둥병을 한센병이라고도 부르게 되었다) 등이 있으며, 탐험 분야에서는 너무나 유명한 '프람호'의 프리드쇼프 난센(1861~1930), 또 남극 탐험가 로알 아문센(1872~1928), '콘티키호'로 유명한 토르 헤위에르달(1914~2002) 등 빛나는 이름이 이어진다.

인구 400만 명의 작은 나라에 태어난 이 위대한 지성과 개성들에 우리는 새삼 깊은 경의를 표하지 않을 수 없다.

그건 그렇고 노르웨이의 국어가 무엇이냐 하는 것은 어려운 문제다. 즉 19세기 노르웨이 내셔널리즘은 당연히 덴마크어화된 노르웨이어를 몰아내려 했다. 이것은 리스크몰(왕국어王國語)이라 부르며, 크리스티나니아 지방을 중심으로 사용되어왔다. 이에 비해 이바르 오센(언어 연구자)은 노르웨이 서부 지방의 방언을 바탕으로 새로운 노르웨이어를 만들어냈다. 이것은 란스몰(지방 국어)이라 부른다.

둘 중 어느 것을 노르웨이어로 해야 하는지에 대한 국어 논쟁이 계속되고 있다. 그러나 입센이나 비에른손 같은 이들이 리스크몰을 썼기 때문에 이것이 다수파가 되었다. 결국 독립한 뒤 란스몰을 다시 개혁하여 두 가지를 통일하려 했지만(니노르스크, 새 노르웨이어) 아직 결론이 났다고 말하기는 어려운 상황이다.

3
핀란드의 역사적 경위

민족의 기원과 역사적 경위

핀란드어가 유럽 언어와 전혀 다른 언어(핀우그리아어파)라는 사실은 널리 알려져 있다. 그것은 에스토니아어·헝가리어와 같은 계열의 언어로, 핀란드인의 조상이 먼 옛날 아시아의 어딘가로부터 이동해 온 민족이라는 사실을 알려준다. 그러나 어디서 왔는지는 전혀 알 수 없다. 여러 추정을 하고 있고, 그중 우랄 지역에서 왔다는 설이 가장 유력하지만, 이렇다 할 확실한 증거가 있는 것은 아니다.

아무튼 기원전 수천 년경에 핀란드인의 조상들이 발트해 연안에 왔고, 먼저 살고 있던(이들 또한 어디에서 왔는지 확실히 알 수 없으며, 역시 우랄 지역이라고들 하는데) 라프인(그들은 자기네를 사메라 부른다. 토나카이 유목민족이라 개괄해도 좋다. 현재 코라반도·핀란드·노르웨이·스웨덴 최북부 주변에 4만 명가량 있다)을 북쪽으로 몰아내고 지금의 핀란드 남부에 정주했다고 한다.

그러나 핀란드인은 이것이 아무래도 마음에 들지 않는 모양으로, 지금까지도 다양한 설을 내놓고 있다. 유대인과 관계가 있다든지, 4분의 3은 유럽 민족 기원이라든지, 핀란드어와 유럽어는 닮은 점이 있다든지, 아시아는 아리아 인종의 고향이었다든지 등 무언가 유럽과 관계있는 쪽으로 하고 싶은 잠재 심리가 있는 듯하다. 그러나 결국 몽골·만주 퉁구스족에 속하는 민족이고, 직접적으로는 유라시아가 '고향'인 듯하다. 현재의 핀란드인은 육체적 특징으로 보자면 긴 역사 과정에서 러시아인·스웨덴인 등과의 혼혈도 있어서 거의 서유럽화 내지 동유럽화되어 있다.

핀란드 역사가들이, 일찍이 타키투스의 『게르마니아』에 나오는 '펜니'라는 민족이 핀란드인이라고 주장했던 적도 있지만, 이것은 아무래도 라프인 혹은 원原발트인을 가리키는 것 같다. 핀란드인들은 이런저런 방식으로 자기네 선조들에 대해 기를 쓰며 조사해왔지만, 결국 잘 알 수 없는 채로 끝나고 있는 것이다.

그러나 우리에게 그것은 그다지 중요하지 않으며, 중요한 것은 현재의 매력적인 핀란드인이다.

그들이 살고 있는 국토는 핀란드어로 '수오미'라 부르는데, 그 의미에 대해서도 몇 가지 해석이 있어 정설이 없다. '호수와 늪'이라는 뜻이라거나 물고기의 '비늘'이라거나 하는 여러 설이 있는데, 국토 전역에 산재하는 무수한 호수와 늪(약 6만)과 관련 있을 가능성이 유력하다.

핀란드는 아이슬란드와 함께 세계에서 가장 북쪽에 자리한 나라이고, 국토의 3분의 1은 북극권에 들어가 있다. 또 흔히 핀란드를 숲과 호수의 나라라고 하는 말 그대로, 전 국토의 대부분은 커다란 삼림(소나무·전나무 숲)으로 덮여 있다. 또한 남부 해안에는 빙하기의 흔적인 무수한 섬(섬의 정의에 따라 달라지지만, 약 3만 개라고 한다)이 흩어져 있다.

핀란드인들은 이곳에서 농경과 수렵과 어업을 하면서 부족국가적인 문화를 만들어냈던 것 같다. 거기에 남방으로부터 로마 문화의 물결이 밀어닥쳤다. 그리하여 10세기 무렵에는 서유럽의 역사 속에 편입되어 간다.

그 시작은 바이킹으로서 발트해 연안부터 동방 러시아로 가는 무역 통상 루트를 접촉한 것이었다.(핀란드인들도 바이킹에 참가했다고 주장하고 있다.) 그것은 그렇다 치고, 11세기 무렵까지는 로마 가톨릭 교회가 들어와 있었던 것 같은데, 핀란드인 대부분은 아직 이교도였다. 그래서 1155년에 스웨덴의 에리크 9세가 십자군 원정을 했던 것이다. 이때 웁살라의 헨리코 주교가 종군했는데, 포교활동 중에 살해당했고 훗날 핀란드의 수호성인이 되었다.

십자군 원정은 성공해 스웨덴 세력이 확립되었고, 핀란드 서남부에는 기독교가 퍼졌다. 그러나 최초의 도미니코 수도원이 투르쿠(스웨덴 이름은 오보)에 건립된 것은 1249년이다. 또한 십자군 원정은 세 차례 행해졌다.

이 무렵부터 동방의 그리스정교가 핀란드에 진출한다. 러시아 세력이 서쪽으로 진출한 것이다. 이에 대한 방위 거점으로 비푸리·사본린나를 비롯하여, 핀란드 동남부에 아홉 개의 성채를 건설했다. 스웨덴 가톨릭군과 러시아 정교 귀족군의 충돌이 되풀이되었고, 1323년 실리셀부르크 조약을 맺어 핀란드를 남북으로 칼레리아로 양분하기로 하여 일단 안정을 되찾았다.

이사이에 핀란드의 지주·사제·관리들의 대표자치집회가 성립되었고, 스웨덴 국왕 선출 투표권이 주어졌다. 또한 교회에 10분 1의 세금을 징수했지만, 기타 징세는 지방마다 자의적으로 시행되고 있었다.

이윽고 칼마르 동맹이 성립되고(1397년), 스웨덴이 덴마크 아래에 서게 된 까닭에 핀란드에 대한 압력이 크게 줄어든 것은 좋았지만, 러시아(모스크바공국)의 공격이 다시 시작되었다. 그들은 비푸리 성은 함락시키지 못했지만, 동부 및 중부 핀란드를 휩쓸고 다녔다. 그 무렵 스웨덴은 핀란드를 신경 쓸 처지가 아니었다. 덴마크와 끊임없는 투쟁을 되풀이하고 있었기 때문이다. 덴마크군은 핀란드 남부 연안까지 군대를 보내 손해를 입혔는데, 특히 1509년 투르쿠 성에 대한 공격은 끔찍해서 큰 교회도 화염에 휩싸이는 형국이었다. 핀란드는 제힘으로 러시아군·덴마크군과 싸워야 했다. 그리고 어찌어찌해서 동방과 남방으로부터 쳐들어온 적을 물리쳤다.

그 뒤 스웨덴이 구스타브 바사 시대에 칼마르 동맹으로부터 벗어나는 데 성공해 연합은 붕괴되었다. 핀란드는 다시 스웨덴과의 연합

관계로 돌아갔다. 그리고 스웨덴의 프로테스탄트 개종과 함께, 핀란드에도 종교개혁의 물결이 밀어닥쳤다.

그 대표자가 미카엘 아그리콜라(1508~1557)였다. 그는 투르쿠의 교회를 중심으로 활동했는데, 1548년에 핀란드어로 성경을 번역해 출판함으로써 큰 역할을 담당했다.

스웨덴 왕국 아래에서

구스타브 바사는 둘째 아들 요한에게 핀란드를 주었는데, 그가 죽자 요한의 형 에리크(14세)가 왕위를 이었다. 요한은 폴란드의 지그문트 2세의 여동생과 결혼하고 투르쿠에 거처를 정해, 폴란드와 발트해 연안지역에 영향력을 발휘하고 있었다. 형제간의 싸움으로 요한은 잡혀서 유폐당했지만, 그 뒤 쿠데타로 에리크 14세 쪽이 유폐되고 요한이 왕위에 올라 요한 3세가 되었다.

그리고 그 아들 지그문트 3세(폴란드 국왕)가 뒤를 이어 스웨덴·폴란드 국왕이 되었다. 문제는, 국왕은 가톨릭이고 스웨덴은 신교국이었다는 점이다. 더구나 국왕은 폴란드에 눌러 살며 스톡홀름을 원로들에게 내맡겨두었다. 더구나 이사이 핀란드에서는 농민 반란이 일어나고 있었다.(1596~1597년) 요한의 아우 칼이 섭정이 되었고, 얼마 후 국왕의 자리(칼 9세)에 올랐다.(1599년) 이로써 시기스문드의 스웨덴 왕위 청구를 둘러싸고 스웨덴과의 분쟁이 이어진다.

한편 칼 9세는 되풀이해서 침입해오는 러시아군을 반격하여 물리쳤다. 또한 뛰어난 왕 구스타브 아돌프 2세 때는 러시아를 발트해 연

안과 핀란드에서 완전히 몰아내버렸다.(1617년의 스톨보바 조약과 1629년의 알트마르크 조약)

그러나 17세기 후반에서 18세기 전반에 걸쳐 핀란드는 잇따른 전란과 흉작·전염병 때문에 큰 타격을 입었다. 이른바 '신이 크게 노여워하던 시대'다.

당시 핀란드 인구를 보면, 17세기 후반까지 40만 명가량으로 추정한다. 이 무렵은 흉년이 들면 인구가 바로 줄어들었다. 또한 의료·위생이 불충분한 시대이기도 했다. 그 무렵의 식재료는 양배추·순무·콩류·양파·당근·사탕무 등이었다. 감자는 아직 알려져 있지 않았다. 가축은 소·양·산양·돼지·닭 정도였다. 우유와 버터는 일반적으로 먹는 음식이었다.

구스타브 아돌프 2세의 딸 크리스티나 여왕은 투르쿠에 대학을 세웠는데(1640년), 그녀는 부왕의 피를 이어받아 학문과 교육에 열심이었다. 그것은 근대 핀란드의 학문·예술·사상에 풍요로운 토양을 마련하는 일이 되었다.

그러나 핀란드는 스웨덴이 일으킨 전쟁으로 많은 장정이 징용당했고, 병사로서 스웨덴군의 적지 않은 부분을 차지했다. 핀란드 병사들은 도처에서 용맹함을 보였지만 그 희생 또한 만만치 않았다. 특히 1700~1721년의 북방 대전투에서는 엄청난 희생을 당했다. 또한 1721년 뉘스타드 조약으로 핀란드 동부 카렐리야 및 동남 지역은 러시아 소유로 넘어갔다.

민족의 자각

북방 대전투 뒤 핀란드는 내셔널리즘이 싹트기 시작했다. 투르쿠 왕립아카데미의 다니엘 유슬레니우스 신학 교수가 핀란드 과거 역사의 영광을 말한 것이다. 거기엔 핀란드어가 그리스어·헤브라이어와 관계된 세계의 기본어라는 따위의 과도하게 애국적인 주장도 있었지만, 아무튼 머지않아 일어날 19세기 초엽의 내셔널리즘을 앞서서 예고했다.

이때 '아니아라 사건'이 일어난다.(아니아라는 핀란드 동남부 촌락의 이름) 스웨덴 발트 제국의 해체가 그 배경에 있었다. 즉 급속하게 강대해지고 있던 동방의 러시아가 발트해의 패자로 등장하는 과정에서 일어난 사건이었다.

이 사건은 러시아 아래에 있던 핀란드의 분리·독립을 노린 음모를 띤 계획이었다. 핀란드 사관士官 스프렝트포르텐이 중심 인물이었고 그 주변에 많은 동지가 모였다. 그가 핀란드를 떠나 러시아 장군이 되었을 때 다시 스웨덴과 러시아의 전쟁이 일어났다.(구스타브 3세가 일으킨 전쟁이었다.) 아니아라 연맹은 러시아와의 거래를 통해 평화를 바랐다. 핀란드 귀족 장교 113명이 아니아라에서 러시아에 복종한다는 동의 문서에 서명했다.(스웨덴 장교도 포함되어 있었다.) 스프렝트포르텐은 그 배후에서 공작했다. 그러나 이것을 안 구스타브 3세는 일당을 체포하고 재판에 넘겨 주모자를 처형했다. 핀란드 역사가들은 이것을 어리석은 반란 예비죄였다고 본다. '아니아라 그룹'은 이후 궤멸되었다.

그리고 1789년 프랑스 혁명이 일어난 해, 스웨덴에서는 구스타브 3세에 의한 절대왕정이 부활했다. 하지만 3년 뒤 국왕은 암살당했다.

4
핀란디아 찬가

제정 러시아의 지배 아래서

19세기 초엽은 나폴레옹 전쟁이 터진 어지러운 시기로, 스웨덴·덴마크는 복잡한 국제정치의 소용돌이에 휘말려들어갔는데, 스웨덴·러시아·프로이센 연합은 나폴레옹군에 패하여 틸지트 조약을 맺는다.(1807년) 그 뒤 나폴레옹은 러시아에 핀란드를 주겠다고 약속하자(영국에 대한 대륙 봉쇄에 협력하는 대가), 러시아군이 핀란드에 밀어닥쳤다. 스웨덴군은 뿔뿔이 흩어져 본국으로 퇴각했으며, 남겨진 핀란드군은 고립무원의 상태에서 싸웠다. 그러나 러시아군을 막을 순 없어 1809년 말 핀란드는 항복했다. 하미나(프레드릭스함) 조약을 맺고 스웨덴은 핀란드 전역을 러시아에 할양하기로 했다.

나폴레옹 전쟁은 여기서 또 일변한다. 스웨덴 국왕 칼 13세는 세자가 없어, 나폴레옹 휘하의 베르나도트 장군을 장래의 국왕으로 맞아들인다. 칼 요한(베르나도트의 바뀐 이름)은 영국·러시아와 함께 반나폴레옹 연합의 부활을 고려했다. 나폴레옹은 이때 스웨덴에 다시 핀란드를 주는 조건으로 스웨덴을 제 편으로 끌어들이려 했지만, 칼 요한은 그것이 장래에 러시아와의 다툼거리가 될 것이라 생각하여, 노르웨이를 스웨덴령으로 만들 것을 고려했다. 이사이 스웨덴이 영국에 대해 취하는 태도가 애매하다는 이유를 들어 나폴레옹은 스웨덴 작전을 개시했다. 이것이 원인이 되어 러시아와 나폴레옹은 다시 싸우게 된다. 한편 칼 요한은 나폴레옹 쪽에 붙은 덴마크를 공격했고, 또한 라이프치히에서 나폴레옹군을 격파했다. 킬 조약으로 덴마크는 노르웨이를 스웨덴에 할양했고(1814년), 빈 조약으로 여러 나라가 이것을 승인했다.(1815년)

이리하여 나폴레옹 전쟁 와중에 열강(영국·스웨덴·프랑스·러시아·덴마크)의 전쟁과 외교 교섭의 결과로 핀란드는 러시아의 지배 아래에 들어가버렸다.

1809년 3월 25일, 새로 선출된 신분제 대표 125명이 모인 포르보 의회에 등장한 알렉산드르 1세는 '초대 핀란드 대공大公으로서, 자신이 정복자가 아니라 해방자로 온 것이며 외교권을 제외한 완전한 자치를 인정한다'는 취지로 연설했다. 수도는 헬싱키에 두었고 나중에 투르쿠대학도 헬싱키로 옮겼다. 초대 총독에는 아니아라 사건으로 러시아에 망명 중이던 스프렝트포르텐이 임명되었다.(그 뒤의 총독은 모두 러시아인이다.)

핀란드는 마치 독립국과 같은 지위를 얻었다. 징세권과 재정권을 갖고, 군대도 보유할 수 있었으며, 교육·금융·경제·통신·우편 등 광범위한 자치권을 누릴 수 있었다. 다만 외교권이 상트페테르부르크에 속해 있을 뿐이었다.

그러나 민족정신은 명실공히 완전한 독립을 요구하며 불타올랐다. 아돌프 아르비드손(1791~1858)이 그 최초의 씨앗이고 한 알의 밀알이었다. 역사가이자 시인이었던 그는 핀란드가 스웨덴에서 분리된 것은 불행이라며, 러시아의 일부가 된 핀란드의 불우함을 탄식했다.

이 무렵 이미 '우리는 스웨덴인도 아니고 러시아인도 아니다. 우리는 핀란드인이다'라는 말이 사람들 입에 오르고 있었다. 아르비드손의 활동은 이런 국민 감정에 박차를 가하고 이를 확대시켰다. 이윽고 강렬한 내셔널리즘의 불꽃이 점화되었다.

아르비드손은 당국이 그의 사상을 못마땅하게 여겨 훗날 스웨덴으로 거처를 옮겼다. 그러나 아르비드손적 내셔널리즘은 이미 착실히 핀란드 국민 사이에 뿌리내리고 있었다. 그것은 니콜라이 1세(재위 1825~1855)의 러시아화 정책에 대한 핀란드 민족의 본능적인 위기감에 바탕을 둔 것이었다. 니콜라이 1세는 핀란드어로 쓰인 출판을 금지했고 크림 전쟁(1853~1856)에 핀란드 청년을 징병하는 등 알렉산드르 1세가 약속했던 자치와 자유를 무시하고 짓밟았다.

핀란드 문학협회: 자유를 위한 투쟁

여기서 민족주의 내지 애국주의를 고취하는 위대한 개성들이 등장한다. 그 일인자가 엘리아스 뢴로트(1802~1884)다. 그는 투르쿠대학을 졸업하고 의사로서 핀란드 동북 지방에 부임했으며, 그사이 카렐리야 지역을 중심으로 구전되어온 시가를 채집했고 1828~1831년에는 네 권짜리 책을 처음으로 출판했다. 그 뒤 다시 채집을 거듭하여 1만2000행의 완전한 시가집을 편집·복각하여 『칼레발라』라는 제목으로 출판했다.(1835년) 그리고 다시 이것을 증보하여 2만3000행의 『칼레발라』 완전판을 세상에 선보였다.(1849년) 그것은 극적인 주인공들의 모험을 다룬 이야기다.

늙은 음유시인이자 족장 베이네뫼이넨, 젊고 아름다운 대장장이 일마리넨, 선량하지만 사려가 없는 레민케이넨, 어둡고 비극적이며 오이디푸스적인 운명의 영웅 클레르보의 이야기다. 여기에 아름다운 아가씨 아노이와 베이네뫼이넨의 어머니이자 대기大氣의 딸 일마타르 등이 등장한다.

『칼레발라』의 출판은 중대한 의미를 지녔다. 그것은 핀란드 민족의 역사와 전설을 집대성한 것이었고, 19세기 중엽 핀란드 국민의 내셔널리즘에 강력한 불꽃을 피웠다.

칼레발라

'칼레발라'는 핀란드 국민의 민족 서사시다. 그들의 선조 원原 핀란드인이 멀리 우랄해 저쪽에서 발트해 연안으로 옮겨와, 핀란드 남쪽 해안으로부터 내륙에 들어와 정주해가는 역사 속에 서사시의 원류가 있다. 그래서 『칼레발라』 간행은 핀란드인들의 가슴 깊은 곳에 애국의 열정을 불러일으켰던 것이다.

정본 『칼레발라』(1849) 50장은 수많은 핀란드 예술가의 혼을 흔들었고, 시벨리우스(1865~1957)나 갈렌 칼렐라(1865~1931) 같은 세계적인 칼레발라 거장들을 낳았다. 현재 『칼레발라』는 20개국어로 번역되어 있다.

칼레발라는 원래 '칸텔레'라는 현악기를 반주로 삼아 이야기를 하는 것인데(일본의 헤이케 비파와 비슷하다), 핀란드 전원 지방의 낡은 농가가 모여 있는 곳에서 이것을 들으면, 가혹한 자연과 싸우고 이민족의 압력을 끝내 견뎌낸 강인한 핀란드인들의 절절한 속삭임이 귀에 들리는 듯한 환상에 빠진다.

내일 살아 있을지 알 수 없는 소련과의 겨울 전쟁을 치르는 전장에서, 깊은 밤 병사들이 낡은 수동식 축음기에 칼레발라 음반을 걸어두고 가만히 듣는 핀란드 영화의 명장면이 있는데, 칼레발라는 참으로 핀란드인의 혼과 정신이 담긴 근원적인 풍경 세계를 다룬, 영원히 사라지지 않을 민족 예술의 꽃이라 하겠다.

칼레발라의 예술가로서 우선 갈렌 칼렐라가 있다. 「베이네뫼이넨의 출발」 「레민케이넨의 어머니」를 비롯하여, 그의 회화예술 대부분은 칼레발라에서 소재를 취한 것이고, 강력하고 인상적인 명화를 다수 그렸다.(헬싱키의 아테네움 미술관에서 그의 걸작을 볼 수 있다.)

그리고 잔 시벨리우스. 교향곡 「클레르보」 「투오넬라의 백조」를 비롯하여, 칼레발

1930년대 칸텔레를 연주하는 한 핀란드인의 모습

라에서 악상을 찾은 작품이 적지 않다. 그 외에 핀란드 예술에 끼친 칼레발라의 영향은 거대하다.

그런데 1830년에 젊은 지식인과 학생들의 클럽 '토요회'가 만들어졌다. 그 목적은 애국심을 함양하는 데 있었고, 애국적 문화활동과 연구를 행하는 것이었다. 그들은 1831년에 '핀란드 문학협회'를 설립했다. 『칼레발라』는 이 협회의 사업으로 간행된 것이다. 이리하여 협회는 애국자 중심 단체 같은 성격을 띠었다. 그리고 다시 탁월한 애국자 두 명이 등장했다.

한 명은 요한 루드비그 루네베리(1804~1877)이고, 다른 한 명은 요한 빌헬름 스넬만(1806~1881)이었다. 루네베리는 동시대 자카리아스 토펠리우스(역사가·시인, 1818~1898)의 애국적 업적과 활동을 이어받았는데, 많은 애국시와 함께 소설·희곡 등 문학활동으로 광범위한 영향을 끼쳤다. 특히 『나의 조국』은 1846년 발표되고 나서 2년 뒤에 음악화되어, 폭발적인 사랑을 받아 도처에서 불렸다. 현재 핀란드 국가가 그것이다.

그리고 스넬만은 헬싱키의 '토요회'를 거점으로 삼아 철학·사상의 입장에서(나중에 정치가가 되어) 애국 정신을 불어넣었다. 이 때문에 그는 한때 당국과 충돌했고, 스웨덴·덴마크·독일로 도망쳐 생활했다. 그러나 귀국한 뒤 1853년 헬싱키대학 교수가 되어 다시 활발하게 활동했다. 핀란드어를 쓰는 『농민의 벗』과 스웨덴어를 쓰는 『사이마』(핀란드 동부의 사이마 호수에서 딴 이름) 잡지를 발행했다. 전자는 서민용이고, 후자는 지식인용이었다.

1820~1840년대에 이미 핀란드어는 학교 교육에서 사용되었고, 대학에서도 핀란드어로 강의하기 시작했다. 그러나 스웨덴어는 스웨

덴계 핀란드인 및 지식계층의 공통어로 견고하게 뿌리 내리고 있어, 1919년에 핀란드어·스웨덴어 둘 다 공식 언어로 인정되었다. 현재도 스웨덴어와 핀란드어 둘 다 공식 국어이고, 스웨덴어로 진행되는 연극이 상연되며 스웨덴어를 쓰는 신문 등도 발행되고 있다. 스웨덴계 인구는 6퍼센트 정도지만, 경제·산업계에서 힘을 보유하고 있고 스웨덴 인민당이라는 주요 정당도 있다.

소수파 스웨덴계를 위해 스웨덴어를 국어로 삼은 것은 정치적 의미(대 소련 관계)도 있었다. 국어 문제는 역사적 의미를 갖고 이어져 왔던 것이고, 때로는 핀란드어파와 스웨덴어파가 격렬한 논쟁을 주고받기도 했다. 그런 의미에서 국어 문제는 최종적으로 해결되지 않았다고 말해도 좋은데, 이에 비해 러시아어 보급 정도는 전혀 문제가 되지 않는 사안이었다.

아무튼 핀란드어로 쓰인 것이든 스웨덴어로 쓰인 것이든, 핀란드의 내셔널리즘과 애국독립 운동에서 뢴로트와 스넬만, 루네베리 같은 문화인·지식인들이 해낸 역할 및 업적에는 눈부신 데가 있었다.

알렉산드르 2세의 관대한 정책

마침내 핀란드 국민의 자유와 독립에 대한 염원이 상당히 채워지는 때가 왔다. 알렉산드르 2세(재위 1855~1881)의 선정을 통해서였다. 그는 반동적인 니콜라스 1세가 죽은 뒤, 핀란드 대공 자격으로 의회에 참석하여 이전보다 더 나은 자치권 회복을 선언했다. 핀란드어 출판도 다시 허가했고, 핀란드어·스웨덴어 사용을 인정했으며 그 뒤 독자적으로 군대를 설치하고 통화를 발행하는 것, 경제상업 행위의 자유 등을 회복시키거나 새로이 인정했다. 핀란드 국민은 알렉산드르 2세의 관대한 선정을 환영했다. 이것이 헬싱키에서 지금도 알렉산드르 2세의 동상을 철거하지 않고 남겨둔 이유이기도 하다.

그건 그렇다 쳐도 어째서 거의 독립국이나 다름없는 이러한 우대정책을 펼쳤던 것일까. 대략의 이유는 세 가지다. 첫째는 핀란드 국민의 강력한 민족정신이 차르에게 영향을 끼쳤으리라는 점, 둘째는 알렉산드르 2세의 개인적 성격이 관대하고 개명한 군주의 선량함을 갖고 있었던 점, 셋째는 크림 전쟁으로 엄청난 수의 핀란드 병사가 전사했던 것에 대한 정책적 고려가 있었으리라는 점 등이 아니었을까. 참고로 말하자면, 헬싱키 국립박물관에는 알렉산드르 1세부터 독립에 이른 시기까지 역대 러시아 황제의 초상화 등이 전시되어 있어 역사박물관의 정취가 있다.

농업사회에서 공업사회로

핀란드 경제는 대체로 19세기 중반 무렵까지 농업이 중심이었다. 19세기 초엽의 인구는 100만이 조금 못 된다고 추정되는데, 이 가운데 도시 인구는 4만 명 남짓이고, 도시라 하더라도 최대 도시 투르쿠가 인구 1만 명 남짓이었다.

다만 의외의 특산품이 핀란드 공업화를 준비했다고 할 수 있다. 목조선木造船에 사용하는 방부제로 쓰이는 타르의 생산이었다. 타르는 당시 나무를 태워 만들었다. 삼림이 풍부한 핀란드는 대량의 타르를 필요로 하는 조선업계의 수요에 응하게 되었다. 이리하여 연안부에 타르 공장을 중심으로 상업·무역 관련 공장 건설이 번창하게 되었다. 타르뿐만 아니라 조선용 목재에 대한 수요도 생겨, 관련 목공품업이 발전하고 수출도 하게 되었다.

물론 타르는 그 뒤 철강선의 출현으로 쇠퇴했지만, 그 무렵에는 이미 종이·펄프·목재공업이 충분히 발전해 있었고, 서유럽 산업혁명 특히 스웨덴의 공업 발전에 자극을 받아, 제철·직물·피혁·유리·담배 산업 등을 중심으로 근대 공업과 민족 자본이 형성되어 있었다. 물론 아직 규모가 작고 발전이 확대되는 속도도 빠르진 않았다.

또한 농업은 자급률이 낮아, 주요 식료품은 수입에 의존해야 했다. 한편 1840년에 중앙은행이 설립되었고 핀란드 루블을 발행했다. 그러나 러시아 루블의 변동에 영향을 받았으므로, 1860년에 완전히 독립된 통화 마르카를 발행하게 되었다. 이것은 산업 및 일반 경제에 좋은 영향을 끼쳤고 은행업 발전을 자극했다.

1850년 이후에는 공업화가 발전·확대되어 철도·우편·전신·전화·도로가 발달해, 농업사회에서 공업사회로 변모하기 시작했다. 또 수많은 호수가 있는 핀란드에서 운하는 당연히 큰 역할을 했는데, 1856년에는 최초의 중요 운하인 사이마 운하가 완성되었다. 1855년에 헬싱키와 상트페테르부르크 사이의 전신도 개통되었다.

여러 산업 분야 중에서 가장 발전했던 것은 임업이다. 산업노동자층이 늘어나면서 노동운동이 시작되어, 1895년에는 노동당(나중에 사민당으로 명칭을 바꿈)이 설립되었다. 농민당(나중에 중앙당으로 명칭을 바꿈)은 1906년에 창설되었고, 보수당(나중에 국민연합당으로 명칭을 바꿈)은 1918년에 발족했다. 이미 본격적인 근대의 정당활동이 시작되고 있었다.

비원의 달성: 핀란드 독립

그러나 알렉산드르 2세의 선정 기간은 짧았고, 니콜라이 2세(재위 1894~1917)의 가혹한 탄압 시대가 왔다. 그것은 범슬라브주의에 입각한 이민족에 대한 공포정치였다. 새 총독 보브리코프가 그 화신이었다. 보브리코프는 1899년 2월 15일, 핀란드 헌법 및 일체의 법제를 핀란드의 이익에서가 아니라 러시아의 이익에서 해석한다는 포고를 발표했다. 핀란드에게서 자치권을 빼앗는 지령이 잇따라 발표되었다.

이스토는 '처녀가 품에 안고 있는 자치 법전을 큰 독수리가 덮쳐서 빼앗으려 하는 유명한 그림'(권두삽화 참조)을 그렸고, 많은 핀란드인 가정에서 복제품을 소장했다. 국민은 차르에 대한 탄원 서명운동을 시작했다. 순식간에 53만 명이 서명했다. 그와 동시에 이 사태를 안 서유럽의 양심이 국제위원회를 만들어 차르의 폭정에 대한 비판적 성명을 발표했다. 거기에는 스펜서와 나이팅게일, 졸라와 난센, 입센 등의 이름이 있었다.

1900년에는 러시아어를 학교 교육에 강제로 도입했다. 그 이듬해에는 핀란드군을 해산하고, 러시아 병사로 징병한다는 포고령이 떨어졌다. 우편사업·관세 자주권·통화발행권을 취소하고 이어서 신문 발행을 금지했다. 500명의 핀란드인 대표가 탄원 서명서를 들고 상트페테르부르크로 향했다. 그러나 황제는 그들과의 회견을 거절하고 무자비하게 쫓아냈다. 그들은 쓸쓸히 귀국했다.

핀란드인의 분노는 샤우만이라는 청년의 권총에 담겼다. 1904년, 이 젊은 애국자는 보브리코프를 암살했다. 잔 시벨리우스(1865~1957)가 애국적 교향시 「핀란디아」를 작곡하여 사람들을 열광시킨 것은 이즈음의 일이었다. 러시아는 마침내 핀란드 국내에서 「핀란디아」를 연주하는 것을 금지했지만, 핀란드인들은 곡명을 바꾸어 도처에서 연주함으로써 애국의 열정을 불러일으켰다. 러시아는 러일전쟁에 패배했고 국내에서는 넘치는 혁명의 기운으로 소란스러웠다. 니콜라이 2세는 탄압 정책을 계속할 수 없었다. 1906년, 이러한 배경 아래에서 총선거가 실시되었다.(이때 서유럽에서 처음으로 여성 참정권이 인정되었다. 참고로 말하자면 세계에서 최초로 여성 참정권을 인정한 나라는 뉴질랜드로, 1893년이다.)

1917년 2월 혁명으로 니콜라이 2세는 퇴위하고, 이어서 10월 혁명의 성공으로 핀란드 의회가 12월 6일 독립을 선언하며 공화국의 수립과 발족을 세계에 알렸다. 러시아 대공국 100년 뒤의 독립이고, 스웨덴의 통치를 합산하면 750년 이상이었다.

핀란드 안에는 1904년 무렵부터 러시아 국내 혁명을 지원하여 차르 러시아로부터 분리·독립을 공작하는 운동이 이어지고 있었다. 때마침 일어난 러일전쟁(1904~1905)이 그들의 운동을 도왔다. 그들은 일본 공작원 아카시 대령, 폴란드 기타 조직과 연락을 취했다. 아카시의 공작으로 존 그라프톤호를 영국에서 구입해 폭약 3톤, 라이플 1

만5000자루, 탄약 250만 발을 싣고 핀란드 서해안 앞바다에 도착해 일부 짐을 내린 뒤 좌초하여 폭파된 비화도 이때의 일이었다. 이것들은 반러시아 그룹의 손에 넘길 예정이었고 아카시 대령이 그 대금을 지불했다. 아카시 대령은 러시아 국내의 혁명파를 고무하기 위해 파견된 인물로, 스톡홀름·헬싱키를 중심으로 활발하게 공작활동을 벌였다. 그는 귀국한 뒤 「낙화유수落花流水」라는 제목의 아카시 복명서復命書를 제출했다.

이사이에 핀란드는 미국과 영국에 비밀리에 특사를 파견하여 두 나라의 중개 공작을 타진했고 스웨덴과의 동맹도 검토했다.

핀란드는 독립에 대비하여 젊은 학생, 노동자, 지식인들로 구성된 의용군 군사 훈련을 스웨덴에 의뢰했다. 스웨덴 국내의 핀란드에 대한 동정심은 컸지만, 스웨덴은 엄정한 중립 정책의 입장에서 이를 거절했다. 그들은 독일로 향했다. 1916년 예거 부대로 조직되었는데 인원은 2000명이었다. 그 절반 가까이가 대학생이었다. 예거 부대는 독립이 되면 국내전이 일어나리라 예상해 핀란드로 귀국했다.

적군의 반란

1917년 11월 26일, 스빈후부드 내각이 성립되었다. 레닌의 볼셰비키 정권은 12월 31일 이를 승인했다. 프랑스·독일·스웨덴·노르웨이·덴마크 등도 잇따라 승인했다. 그러나 독립 직후의 사회 불안과 동요를 틈타 적군Red Guards이 각지에서 반란을 일으켰고 헬싱키를 점령했다. 스빈후부드 수상은 시내에 몸을 숨긴 뒤, 여섯 명의 각료와 함께 가까스로 도망쳐 서해안 바사로 옮겼다. 동시에 그 무렵 제정 러시아 장군을 사직하고 귀국해 있던 만네르헤임(1867~1951)을 설득하여 백군White Guards을 조직해줄 것을 요청했다. 또한 스웨덴과 독일에도 원조를 요청했다. 스웨덴은 약간의 의용군을 묵인했다. 이리하여 내전이 시작되었다.

사민당 혁명위원회는 그 뒤 과격 좌파가 권력 중추를 탈취해 혁명 소련의 원조를 기다렸다. 총파업이 발생했고, 좌파 계열지의 선동 기사가 넘쳐났으며 사회적 무질서 상태가 이어졌다. 내전 최대의 격전은 탐페레·헬싱키·비푸리에서 벌어졌다. 만네르헤임 부대는 적군을 크게 무찌르고 헬싱키를 되찾았다. 그러나 스빈후부드 정권은 만네르헤임의 반대를 물리치고, 정치적 판단에서 독일의 지원을 강하게 요구하여, 결국 독일은 고르츠 장군이 이끄는 1만 명의 부대를 파견했다. 이에 비해 혁명 소련은 공식적으로는 적군을 원조하지는 않았다. 그러나 지원한 소비에트군 장병이 참가했다. 이리하여 적군은 10만 명의 군대를 편성했고 백군은 7만 명의 군대를 조직했다.

내전의 상흔은 깊었다. 백군은 1만2600명이 인명을 잃었고, 적군은 7500~8500명을 잃었다. 문제는 적군 포로였다. 약 9만 명이 수용소에 들어갔는데 전쟁이 끝난 뒤 잇따라 석방되었다고는 하나, 2700명이 수용소에서 사망했고 8000명이 수용소 병원에서 사망했다고 한다. 과격 적색분자 포로들에 대한 참혹한 고문과 학살 등 작은 아우슈비츠가 각지에서 속출했던 듯하다. 이 때문에 만네르헤임은, 자기 책임은 아니었지만, 좌파 계열 지식인들이 훗날 그를 '공산주의

자를 죽인 자'라고 불렀다.

공식적으로 전쟁 상태는 없었다고 하나 혁명 소련과 핀란드는 사실상 전쟁관계에 있었다. 이에 독일이 중개자가 되었고 베를린에서 원탁에 둘러앉은 두 나라는 1920년 6월 10일 도르파트(에스토니아)에서 강화회의를 개최해 같은 해 10월 14일 평화조약을 조인했다.

이사이 정부는 총선거를 치른 뒤 의회에 대하여 독일에서 헤센 공을 추대하여 국왕으로 발족하자고 제안했지만, 독일 제정帝政이 붕괴되면서 이 계획은 사라져버렸다. 그 뒤 스빈후부드가 사임하고 만네르헤임 잠정 원수 아래에서 선거를 실시해, 새 의회는 1919년 7월 17일 새 헌법을 승인, 신생 공화국으로 출발할 것을 결정했다. 핀란드 헌법은 1772년 스웨덴 헌법(통치법)을 적용한 채 독립 헌법이 생길 때까지 이어지고 있었다. 초대 대통령으로 헬싱키대학의 스톨베리 교수가 뽑혔다.

제6장

전간기戰間期

1
제1차 세계대전 뒤의 북유럽

외교 — 스웨덴

제1차 세계대전이 터지자마자 스웨덴 국왕 구스타브 5세는 노르웨이 국왕 호콘 7세 · 덴마크 국왕 크리스티안 10세를 마르메로 불러 삼국국왕회의를 열고 중립 유지 결의를 맹세했다.(1914년)

물론 스웨덴 국내에는 전통적으로 강한 친독일 감정이 있었다. 전쟁 기간에 스웨덴은 연합국의 봉쇄 때문에 적지 않은 제한을 받았고, 독일의 무제한 잠수함 작전으로 다시 타격을 입어 상당수의 선박을 잃었다. 그러나 어쨌든 스웨덴은 중립을 지킬 수 있었다.

전쟁이 끝난 뒤 스웨덴은 국제연맹에 가입했지만, 의회에서는 반대 목소리가 꽤 있었다. 머지않아 일본의 만주 침략(1931년), 무솔리니의 에티오피아 침략(1935년)이 이어지고, 이에 대해 유력한 제재 조치를 취하지 않는 국제연맹의 한계와 무력함이 명백해지자, 여론은 연맹에서 탈퇴할 것을 주장하기 시작했다. 그 뒤 1936년에는 노르웨이·덴마크와 함께 중립을 선언하고 군사 협력할 것을 검토했지만 실현되지 않았다. 또한 핀란드와 함께 네덜란드 제도諸島 무장화를 꾀했지만 소련의 강력한 항의를 받고 단념했다.(1939년) 이미 스웨덴은 나치 독일이 체코를 병합한(1936년) 뒤, 대규모로 군사력 증강에 착수하고 있었다. 유럽의 동란을 앞에 두고 스웨덴은 전통적인 중립 정책을 견지할 각오였다.

외교 — 덴마크

덴마크도 세계대전 중에 중립을 유지할 수 있었다. 그렇다고는 해도 적지 않은 상선商船이 독일 잠수함의 무차별 공격에 희생되었다. 또한 대해협에 기뢰를 설치하라는 독일의 요구로 덴마크는 곤란에 빠졌다. 덴마크 국왕은 영국 국왕에게 편지를 보내 자국이 처한 어려움을 호소하고, 대해협과 함께 소해협, 외레순(덴마크와 스웨덴 사이에 있는 해협) 세 해협에 전부 기뢰를 설치했다. 그러나 영국은 덴마크의 괴로운 입장을 이해하여, 이에 대한 특별한 조치를 취하지 않았다. 또한 덴마크는 인도·서아프리카 연안의 소식민지를 잃은 뒤, 마지막 식민지인 서인도제도를 미국의 요청에 응하여 매각했다.(1917년)

덴마크 입장에서 세계대전은 슐레스비히 문제에 종지부를 찍는 일이기도 했다. 민족자결 원칙에 따라 슐레스비히 주민투표가 실시되어, 북부 슐레스비히가 덴마크로 돌아오게 되었다. 그러나 남부 슐레스비히는 이미 독일어권이 되어 있었다. 이에 따라 중요 도시 프레덴스보를 잃었다. 또 그 뒤 그린란드 동부 귀속 문제에 대해 노르웨이와의 분쟁이 있었으나 국제연맹에 의해 덴마크에 귀속되는 것으로 확정되었다.(1933년)

덴마크는 그 뒤 국제 평화 유지에 대한 연맹의 무력함을 알고, 북유럽 각국과 함께 연맹 규약 16조의 제재 의무에서 벗어나 중립 정책을 지향하게 된다. 그 뒤 독일의 불가침조약 체결 요청을 수락했다.(1939년)

외교 — 노르웨이

노르웨이도 제1차 세계대전에서 스웨덴·덴마크와 함께 다행히 중립을 유지할 수 있었다. 그러나 해운·수산·무역이 중요한 위치를 차지하는 노르웨이는 독일과 영국 사이에 끼어 한때 중립을 유지하기 힘들었는데(사실 독일은 노르웨이에 대한 전쟁 선포를 검토했다. 또한 노르웨이의 국민 감정은 영국 편이었다) 잘 극복할 수 있었다. 노르웨이가 군사력 증강에 노력을 기울여온 덕이라 해석할 수 있다. 또한 전쟁 뒤 국제연맹에서 스피츠베르겐제도(스발바르제도)를 노르웨이 소유로 확정한 것(1920년)은 노르웨이가 연합국 측에 해운 방면에서 봉사한 것이 적잖은 영향을 끼쳤기 때문이라고 보고 있다.

그 뒤 노르웨이도 국제 정세의 위기에 대처하지 못하는 국제연맹에 실망하여, 북유럽 각국과 함께 중립 정책으로 돌아가게 된다.

외교 — 핀란드

핀란드에게는 외교관계에서 올란드제도 문제가 있었다. 올란드제도는 스웨덴과 핀란드 사이, 보스니아만 입구에 산재하는 섬들로, 전략적 요충지를 차지하고 있었다. 열강은 올란드제도의 중요성을 크림 전쟁 무렵(1850년대)부터 인식하고 있었다. 그 결과 1856년에 러시아는 올란드제도 비무장을 표명했다. 그러나 제1차 세계대전을 맞이하여 1915년 러시아는 올란드에 요새를 쌓았다. 이에 대하여 영국·프랑스는 전쟁이 끝남과 동시에 스웨덴에 요새를 파괴할 것을 요구했다. 그 뒤 올란드는 독립한 핀란드와 스웨덴의 문제가 되었다.

올란드는 핀란드보다는 스웨덴에 훨씬 가까웠다. 섬 주민들은 스웨덴어로 이야기했고, 스웨덴의 일부라는 의식도 갖고 있었다. 이리하여 두 나라 사이에 올란드 소유 분쟁이 일어났다. 1919년, 문제는 국제연맹에 제출되었고 올란드는 비무장·중립 상태에서 핀란드에 귀속되는 것으로 결판이 났다. 스웨덴은 자국의 주장에 일리가 있다고 생각했지만 깨끗하게 이 결정을 받아들였다.(1921년)

이 시기 전후에 동東카렐리야 문제가 발생했다.(1921~1923년) 카렐리야 지방의 핀란드계 주민이 사회주의 소련에 불만을 품고 핀란드에 병합되기를 요구하며 소동을 일으켰고, 여기에 수천 명의 핀란드인이 가담했다.

핀란드는 헤이그 국제사법재판소에 부탁했지만, 소련이 재판 관할권을 인정하지 않았기 때문에 사법재판소는 심의를 거부했다. 결국 문제는 모스크바가 동카렐리야의 자치를 인정하는 것으로 해결되었으나, 이 사건으로 소련은 핀란드를 반소련·비우호국으로 보기 시작했다. 핀란드는 위협을 느꼈다. 핀란드의 안전을 가장 위협하는 나라가 소련이라는 것은 명백한 사실이었다.

한편 핀란드는 러시아 혁명 뒤 사회주의 완충지대Cordon Sanitaire 역할을 하게 되었다. 그런데 폴란드가 주도하여 발트 삼국(에스토니아·라트비아·에스토니아) 동맹을 구상했다. 그 배후에는 프랑스의 공작이 있었다. 홀스티 외교부 장관은 이 바르샤바 구상에 참가했다.(1922년) 그러나 내각은 의견이 갈렸고, 의회도 이것을 비준하지 않아 내각이 사임했다. 그 뒤 중립 정책을 지향하고 북유럽에 접근하게 된 것이다.

핀란드는 북유럽 각국과 함께 국제연맹을 믿었던 만큼 미국이 불참하자 크게 실망했다. 1930년대에 들어서면서 연맹의 무력함이 드러났다. 스웨덴·노르웨이·덴마크·벨기에·룩셈부르크는 '오슬로 회의' 협정을 체결했다.(1930년) 세계 대공황 뒤의 경제적 곤란으로 작은 나라 사이의 평화와 통상 협력을 호소한 협정이었다. 핀란드는 여기에 가입했다.(1931년)

머지않아 이탈리아·에티오피아 전쟁이 터졌을 때 연맹이 보여준 무력함에 실망하여, 핀란드는 독자적인 정책을 모색하기 시작한다. 그때 소련에서 불가침조약 요청이 들어와 핀란드는 기꺼이 서명했다.(1932년) 그러나 이는 일시적인 미봉책에 불과했다는 사실을 7년 뒤에 알게 되었다. 소련이 일방적으로 조약을 파기하고 적군赤軍을 핀란드에 침투시켰던 것이다.

그 뒤 1939년, 이번에는 히틀러 독일이 불가침조약 체결을 요청했다. 핀란드·스웨덴·노르웨이 모두 이것을 거부했고 덴마크만 받아들였다.

북유럽의 정국은 독일을 중심으로 긴박감을 더하고 있었다.

2
북유럽의 주요 정당

국내 정치 — 스웨덴

이사이 북유럽 각국은 대공황을 극복하고, 국내 정치에서 각각 빠른 속도로 국력이 충실해지며 번영하고 있었다. 다만 제1차 세계대전 중에 러시아 혁명을 틈타 독립한 핀란드는 여느 북유럽 삼국과는 달리 국가를 건설하는 과정에서 매우 심한 기복을 겪었다.

북유럽 삼국이 국력이 향상된 데는 사민당 내지 노동당이 정치에 진출하고 장기간 정권을 잡은 것이 컸다. 스웨덴에서는 얄마르 브란팅이 1920~1921년에 첫 번째, 두 번째, 그리고 1924년에 세 번째 당수가 되었고, 또한 한손이 1932년과 1936년에 당수가 되었으며, 전쟁 뒤에도 엘란데르, 팔메 같은 개성적이고도 탁월한 당수가 계속 나와서 1976년 보수중도 정권으로 교체될 때까지 40년이나 단독 또는 연립 형태로 장기간 정권을 담당했고, 그 뒤로도 여러 차례 정권에 복귀하여 현재까지 50년 이상 정권을 잡았다.

사민당이 대두하게 된 발단은 1929년의 경제위기가 1931년에 절정에 달해 사회가 불안해지면서다. 파업한 이들과 시위하는 이들에게 군대가 발포하여 노동자가 사망하는 사건이 터지고, 매치 재벌 그룹의 이바르 크뤼게르가 파리에서 자살한 사건 이후, 그가 에크만 수상(자유당 내각)에게 거액을 헌금했다는 사실이 드러나 뇌물 스캔들로 내각이 무너졌다. 이것이 사민당에 유리하게 작용했다. 더구나 인기가 있는 한손 당수 때였다. 그리하여 1936년 선거에서 사민당이 압승을 거두면서 사민당 장기 정권이 시작되었다.

한손은 14년간 정권을 유지했다. 물론 사회주의 원칙은 상당히 무시되고 약화되었다. 그러나 사회적 정의를 더 많이 실현할 수 있었고, 그런 의미에서는 정치적 전략이었다고 말해도 좋을 것이다.

이로써 스웨덴은 1930년대에 지속적으로 발전했다. 마키스 차일즈의 『중도의 나라: 스웨덴』은 스웨덴을 경제 안정과 성장, 사회적 민주주의를 실현하고 있는 모델 국가임을 세계에 알리는 시초였다.

부유한 복지국가 스웨덴은 주로 사민당의 정책에 보수중도 야당이 협력하여 이룩한 성과다. 참고로 말하자면, 건강보험법 도입은 1891년, 노동재해 보험법은 1901년, 일반 국민 연금법은 1913년에 성립되었다.

스웨덴 사민당뿐만 아니라 북유럽 각국의 사민당은 건전한 현실정당이고, 의회주의는 물론 왕정도 인정하고 국방력을 중시하며 복지에도 힘을 쏟아 국민 다수의 지지를 얻기에 이르렀다. 또한 당시 서유럽 각국에서 등장한 국가주의 정당은 스웨덴에서는 불과 의원 세 명을 의회에 진출시켰을 뿐이다.

국내 정치 — 덴마크

덴마크에서도 1924년에 첫 번째 스타우닝 사민당 (연립) 정권이 성립됐는데, 그 뒤 1929년에 강력하고 안정된 스타우닝 (연립) 내각이 성립돼 이후 11년에 걸쳐 국력이 신장되고 충실해지는 데 중심적인 역할을 했다.(전쟁 뒤에는 1953~1968년까지 연립으로 15년간 계속해서 정권을 담당했고, 그 뒤에도 자주 정권에 복귀했다). 여기서도 사민당은 복지에 힘을 쏟고, 사회 정책에 노력을 기울였다. 또한 나치 독일이 일어남에 따라서 국가사회주의 정당이 출현했지만, 의석 수 3개에 불과해서 거의 아무런 힘도 가질 수 없었다.

국내 정치 — 노르웨이

노르웨이는 사회민주노동당이다. 이 당은 한때 제3인터내셔널에 가입했지만, 결국 온건당과 급진당으로 갈라졌고, 온건당에서 과격파가 갈라져 나와 공산당을 설립했다.(1923년) 온건당은 노동당이라 칭했고, 그 뒤 온건당이 급진파를 흡수하여 한동안 보수당 내각이 이어졌다. 1919년부터 국론이 분열되었던 '잠정 금주에 관련된 주류 제한 판매제 도입'(1926년) 등이 이뤄진 뒤, 1928년 노동당이 제1당이 되어 니골즈보르 수상 아래에서 첫 번째 노동당 내각을 조직했다. 안정적 정권은 1935~1940년(단독)부터이고, 1940~1963년까지 거국 연립을 제외하고 계속해서 23년간 정권을 잡아, 그 뒤에도 자주 정권에 복귀했다.

이사이에 실업보험과 노인연금 제도를 도입하여 복지 정책이 충실해졌고, 현재 복지국가의 기초를 만들었다. 1942년 비드쿤 크비슬링이 이끄는 '국민연합'(국가주의 정당)은 나치 독일이 노르웨이에 세운 괴뢰정부를 차지했지만, 크비슬링은 전후 이 배신 행위로 인해 엄청난 국민적 분노 속에서 총살형에 처해진다.

국내 정치 — 핀란드

핀란드는 행복한 새 국가를 건설하는 시기였지만, 독립 뒤의 역사적 경위에서 좌우 세력이 국내의 불안 요소로 잠복해 있었다. 그것이 1920년대 들어 격화되면서 공산당계 과격파와 반공우파가 충돌했다. 그 계기는 라푸아 운동이었다.

핀란드 서부 라푸아라는 보수적인 농촌의 중심지에서 공산당계 노조대회가 열려 400명의 붉은 셔츠 당원이 모였는데, 농촌 반공주의파 활동가들과 충돌하여 난투가 벌어졌다. 지도자 코솔라는 헬싱키를 향해 '반공 농민 진군'(1만2000명)을 결행했고(무솔리니의 로마 진군을 본뜬 것이었다), 이는 공산당 추방을 둘러싼 정책이 되어 결국 공산당은 비합법화되었다.(1930년)

이사이 스톨베리 전 대통령 부부 유괴 사건 등이 일어나 사회적 불안감이 고조되었지만, 그 뒤 스빈후부드 대통령(1931~1937)이 선출돼 맹위를 떨친 라푸아 운동을 탄압하고, 좌우 두 세력을 배제하며 국내 정치·경제를 안정·발전시키는 데 노력했다.

핀란드의 주요 정당을 살펴보면, 노동당(훗날의 사회민주당)은 1903년 성립, 국민연합당(보수당)은 1918년 발족, 농민당(훗날의 중앙당)은 1906년 창설, 스웨덴 인민당은 1917년에 조직되었다. 공산당(1920년)은 선거에서는 인민민주 동맹을 형성했다. 핀란드 사민당은 1926~1927년에 단기간 내각을 조직했을 뿐이고, 전쟁 뒤에 거의 연속해서 정권(연립)에 참여했다.

각국 산업의 발전

산업을 한번 살펴보자면, 노르웨이는 전통적으로 해운국이자 수산업국이고, 또 포경이 중요한 나라이며, 조선업과 목재, 펄프·종이 공업의 나라다. 더구나 노르웨이는 산악국가이고 수력이 풍부한 나라다. 그래서 금속공업과 화학공업에 에너지를 공급하는 역할을 담당했다. 또한 산업노동자가 증가하면서 전국 노동연합이 만들어졌고(1899년), 이듬해에는 전국 경영연맹이 설립되었다.

덴마크는 낙농업이 더욱 발전·확대되고, 농지를 개혁함에 따라 자영농민이 증가했다.

덴마크 농산품의 최대 수입국은 영국으로, 영국인이 아침에 먹는 베이컨은 거의 덴마크산이었다. 덴마크는 낙농·축산업과 함께 공업 분야도 급속도로 발전하기 시작했다. 세계적으로 유명한 바 마이스터 앤 웨인의 디젤 엔진이 그 한 예이고, 더욱 특화된 다양한 공업 분야가 급성장했다.

스웨덴은 목재·철광 산업 자원이 있었고, 이것이 공업화의 기반이 되었다.

종이·펄프·목재 공업뿐만 아니라 성냥 공업 등은 세계적으로 유명해졌다. 또한 철광은 철분 함유율 90퍼센트의 고품질 광산이었고, 키르나 철광산(초기에는 노천 채굴이었다) 등에서 생산하여 독일을 비롯한 여러 나라에 수출했다.

더구나 수력이 풍부해서, 수력발전으로 스웨덴 공업의 에너지를 공급할 수 있었다. 공업 분야에서는 전기기구·정밀기계·볼 베어링 등도 발전했고, 이윽고 자동차·무기 산업도 일어났다. 그와 더불어 도시화 현상이 일어나고 산업노동자가 늘어나, 노동분쟁 시기를 거쳐 1937년에는 8시간 노동법, 1938년에는 유급휴가법, 살트해바덴 협약(노사 협조) 등이 실현되었다.

핀란드 경제는 무엇보다 임업 중심이다. 목재·종이·펄프 제품의 생산과 수출이 압도적이어서 거의 그 절반을 차지했다. 그와 더불어 농업·경공업·중공업도 발달하고 있었다. 반면 민족 자본 형성은 아직 충분하지 않았고, 금융계는 스웨덴계가 지배적이었다. 또한 북유럽 각국에서 들어온 협동조합 운동이 급속도로 확산되었다.

가장 중요한 무역 상대국은 북유럽 각국, 특히 스웨덴이었고 그 외 독일·영국이었다.

이리하여 북유럽 각국은 모두 국내 정치가 안정되고, 경제·산업이 자라나 충실해지며, 생활 수준이 향상되고 복지사회를 향해 일로매

진했지만, 그 무렵 이미 세계 정국은 험악해져서 동란의 양상을 띠기 시작하고 있었다.

제7장

세계대전 시대

1
핀란드·소련 전쟁과 중립을 향한 간절한 바람: 핀란드

제1차 핀란드·소련 전쟁, '겨울 전쟁'

나치 독일이 폴란드를 침공하면서 제2차 세계대전이 터지자, 소련군도 동폴란드를 점령하고 다시 발트 삼국에 진주했다. 이어서 소련은 핀란드에 대해 '항코곶 대여, 카렐리야 지협 할양, 핀란드만 안에 있는 약간의 제도 할양'을 요구했다. 하지만 교섭은 결렬되고 1939년 11월 30일 '핀란드·소련 사이 불가침조약의 기초는 무너졌다'는 구실 아래 소련군은 일제히 핀란드령으로 침입하기 시작했다. 이리하여 '겨울 전쟁'이 시작되었다.

세계 최대·최강의 적군赤軍이 국경 북부·중부·남부로 눈사태처럼 밀어닥쳤다. 그러나 핀란드군은 과감하고 영웅적으로 항전했다. 이를 지휘한 이는 만네르헤임 장군(훗날의 원수, 대통령)이었다.

핀란드 국경의 추이

소련군과 싸우는 핀란드 병사들

핀란드 병사들은 처절한 전투를 이어갔다. 조국을 지키기 위해 사력을 다하는 핀란드군의 모습은 통곡으로 가득한 비장한 시 같았고 이에 세계가 감탄했다. 이사이 소련은 핀란드 민주인민 정부를 세웠다. 한편 국제연맹은 소련을 제명했다. 또한 미국의 중개 요청은 거부당했고 독일은 침묵을 지켰다.(독일·소련 불가침 조약 비밀의정서는 발트 삼국과 핀란드를 소련의 세력권으로 간주하고 있었다.)

북유럽 각국은 어느 나라든 소련을 적으로 삼을 용기가 없었다. 1940년을 맞이하여 소련군은 일대 공격을 개시하여, 비푸리를 포위했다.

그러나 영국과 프랑스가 대규모 원군 파견을 검토하고 있다는 사실이 밝혀졌다. 하지만 원군 도착은 3월이고, 더구나 스웨덴·노르웨이는 이들의 영내 통과를 거부했다. 소련은 영국·프랑스와 싸우는 것을 피하기 위해, 그때까지의 강경한 태도를 급히 바꾸어 핀란드 정부와의 화평 교섭에 동의했다. 핀란드는 더 이상 싸울 여력이 없어 1940년 3월 12일 화평 조약에 서명했다. 전쟁으로 인한 손해는 막대했다. 비푸리의 모든 현·카렐리야 지방·핀란드만 제도 할양, 항코 해군기지 대여 등이었다. 더구나 총인구가 도쿄의 3분의 1 정도인 나라에서 2만5000명의 전사자와 4만3000명의 부상자가 나왔다. 또한 잃어버린 동방 영토로부터 50만의 난민이 흘러들어왔다.

그럼에도 '겨울 전쟁'(별칭 '백일 전쟁')은 진짜로 끝난 것이 아니었다. 소련은 핀란드에 요구한 것이 충분치 않았다고 생각한 모양이다. 소련은 다시 핀란드가 받아들이기 어려운 요구를 해왔다. 올란드 제도 비무장을 요청했고, 군대가 항코 반도를 통과할 권리를 요구했으며, 북부 페차모 니켈 광산 지역을 양도하라고 했다. 그리고 발트해상에서는 핀란드 여객기를 격추시켰다. 더구나 이사이 이미 발트 삼국은 소련에 병합되었고, 덴마크·노르웨이에는 나치의 깃발 하켄크로이츠가 펄럭이고 있었다.

그러한 때에 급속히 세력을 키우고 있던 나치 독일에 대한 전통적인 우호 감정이 부활하여, 핀란드는 독일과의 협력 정책에 뛰어들었다. 핀란드가 잘못된 편에 섰다고 알아차렸을 때는 이미 늦었다. 그 배경에는, 스웨덴이 핀란드와의 군사동맹을 수락하여 기쁨에 들떴다가 소련의 강력한 항의로 취소된 것에 대한 절망과, 소련이 핀란드와의 무역협정을 파기한 사건이 있었다. 게다가 휴가 및 부상병 수송을 명목으로 삼아 독일 2개 사단이 핀란드 국내 진입을 허용하는 협정을 독일과 체결했다. 핀란드 입장에서는 이것이 결국 '판도라의 상자'가 되었다.

제2차 핀란드 · 소련 전쟁

제2차 핀란드·소련 전쟁에 대한 핀란드 정부의 공식 견해는 '독일의 대 소련 공격 시점에서 독일과 핀란드 사이에는 어떠한 종류의 합의나 약속도 없었다'는 것이었다. 그러나 국내의 독일군이 소련에 군사행동을 일으킬 구실을 주었다.

1941년 6월 22일, 바르바로사 작전이 시작되었다. 동시에 소련기가 헬싱키를 폭격했다. 정부는 "소련이 공격해왔다. 그래서 핀란드는 전쟁에 휘말리게 되었다. 이것은 겨울 전쟁이 이어지는 것이다. 전쟁 목적은 잃어버린 땅을 되찾는 것이며, 핀란드는 결코 연합국에 대항하는 나라들의 일원이 아니다"라고 설명했다. 이로써 '제2차 핀란드·소련 전쟁'이 시작되었다. '겨울 전쟁'과는 달리 이번에는 3년에 걸친 대 소련 전쟁이었다.

핀란드 정부는 이것을 독일군과의 '공동 작전'이 아니라, 우연히 '동시에 작전을 수행'하고 있는 것으로 간주하고, 대 소련 전쟁을 '분리전쟁'이라 보았다. 그러나 핀란드가 그렇게 믿고 있다 하더라도, 연합국이 액면 그대로 받아들일 리 없었다. 핀란드군은 순조롭게 진격하여 예전에 잃었던 땅을 되찾았다. 만네르헤임은 군사적 판단으로 카렐리야 동부로 약간 전진했지만, 레닌그라드 공격에 참가하라고 요구하는 독일의 압력에는 완강히 반대했다. 이것이 훗날 뤼티 대통령이 "레닌그라드를 구한 것은 핀란드"라고 말할 수 있는 이유였다.

핀란드는 목적을 달성했다. 정부는 이제 소련군이 전면적으로 붕괴되리라 생각했다. 그러나 예상과는 달리, 머지않아 소련군은 놀랍게도 모든 전선에서 대반격을 시작했고, 독일군은 전면적으로 퇴각했다. 전쟁의 흐름은 거대하게 역류하기 시작했다. 그런 와중에 히틀러가 헬싱키를 방문했고, 이는 미국의 감정을 심하게 해쳤다. 미국은 '겨울 전쟁'에서 보여준 핀란드 국민의 싸움에 깊은 경의와 호의를 품고 있었기 때문이다.

만네르헤임은 전쟁의 형세가 전환되는 시기임이 확실함을 설명하고, 가능한 한 빨리 독일과의 협조관계에서 이탈해야 함을 정부에 주장했다. 정부는 스웨덴을 통해 어찌어찌 모스크바와 연락을 취했다. 하지만 화평 조건은 가혹했다. 그리고 화평의 움직임을 안 독일은 곧바로 핀란드에 대한 식량 수출을 전면 중지해 핀란드는 식량 위기에 빠졌다.

그사이 카렐리야 전선에서 소련군은 전쟁사에서 과거에 본 적 없는 엄청난 규모의 포격전을 개시했다. 이어서 대량의 폭격기와 전차가 쇄도했다. 바야흐로 핀란드의 '암흑의 날'이 시작되었다.

1944년 8월 1일, 뤼티 대통령은 독일로부터 벗어날 목적으로 '예정대로' 건강상의 이유를 들어 사임하고, 의회는 즉각 전회全會 일치로 만네르헤임 원수를 대통령으로 선출했다. 이로써 하크텔 내각이 발족되어 화평 교섭이 진전되었고, 9월 4일 두 나라 군대는 싸움을 멈추었다.

화평 조건은 페차모 지방 할양, 폴카라 지구 조차, 배상금 3억 달러, 1940년 국경의 획정 등이었다. 9월 19일 서명이 끝났다. 핀란드는 어쨌든 숨이 끊어지는 것만은 면했다. 그러나 '제2차 핀란드·소련 전쟁'으로 인구 400만 명의 핀란드는 6만5000명의 장병이 목숨을 잃었고, 15만 명이 부상당했다.

칼 구스타브 에밀 만네르헤임(1867~1951)

그는 의심할 여지 없이 북유럽에서 가장 개성적인 인물 중 한 명이며, 현대 핀란드 역사에서 매우 중요한 자리를 차지하는 군인·정치가다. 그러나 인간 만네르헤임에 대한 평가는 각자가 처한 사상과 입장에 따라 달라질지도 모르겠다. 그만큼 일부 사람에게는 열렬한 숭배의 대상이고, 또 다른 사람들에게는 부정적이며 반동적인 인간으로 간주되고 있다.

그는 독립전쟁에서 백군白軍을 지휘하기 전에는 차르 러시아의 고급장교였고, 러일전쟁과 제1차 세계대전에도 참가했던, 빛나는 군 경력의 소유자였다. 때마침 러시아 혁명 시기에 조국으로 돌아와 백군 총지휘관이 되어 내전에서 결정적인 역할을 담당했고, 또한 두 차례에 걸친, 나라의 명운을 건 대 소련 전쟁에서 핀란드군의 총사령관을 맡아, 몇 번이나 조국을 구해내기 위해 나라의 부름을 받았던, 극적인 생애를 보낸 사람이다.

핀란드인들은 만네르헤임을 우파와 좌파 양쪽의 전체주의로부터 핀란드를 구해낸 국민적 영웅으로 여기는데, 어쨌든 처칠은 물론이고 스탈린도 그의 반공 신념에 대해 깊은 경의를 품었다고 한다.

1944년 봄 대통령이 되었지만, 마음과 몸이 완전히 지쳐 있던 늙은 만네르헤임은 머지않아 스위스로 가서 요양하기 위해 대통령직을 사임했다. 이때 후임 대통령 파시키비는 이렇게 말했다. "만네르헤임이라는 이름은 핀란드 역사 속에 깊이 새겨져 있다. 핀란드 국민은 만네르헤임에 대한 감사의 마음을 결코 잊지 않을 것이다."

사임하고 5년 뒤, 그는 스위스에서 죽었다. 유체는 핀란드로 이송, 교회에 안치되었다. 그날 눈 속을 헤치고 각자 한 송이 꽃을 손에 든 몇천이나 되는 민중이 만네

만네르헤임

르헤임에게 이별을 고하기 위해 모였다. 어른, 어린이, 노동자, 군인 등 온갖 사람들이 와 도처에서 끊임없이 흐느끼는 소리가 들렸다.

헬싱키에는 만네르헤임 도로가 있고, 말에 탄 모습의 만네르헤임 동상이 있으며, 그가 살던 집은 만네르헤임 기념관으로 보존되어 있다. 지금 그는 헬싱키의 피에타니에미 무명전사 묘지 안쪽, 북국의 하늘과 호수를 배경으로 우뚝 솟은 거대한 철십자가 아래에 잠들어, 조용히 조국의 운명을 지켜보고 있다. 거기에는 예전에 그의 지휘 아래 조국을 위해 목숨을 바쳐 싸우다 죽은 많은 부하의 묘석이 그를 둘러싸듯이 줄지어 있다. 만네르헤임과 그들의 묘석 앞에는 해마다 사람들이 바친 화환이 끊이지 않는다. 그리고 성탄절과 만성절(모든 성인 대축일)이 되면, 죽은 이들을 위로하는 수없이 많은 촛불이 묘지 안쪽에서 불의 바다처럼 일렁인다.

더구나 나치 독일과 같은 편에서 싸웠기 때문에 '겨울 전쟁'으로 얻었던 세계의 동정도 잃어버렸다. 국토 일부를 빼앗기고, 남은 땅은 황폐해졌으며 산업이 파괴되었다. 전쟁으로 인한 유무형의 피해는 천문학적 수치에 달했다. 핀란드가 다시 국가로 일어설 수 있을지 의심스러울 지경이었다. 그러나 그들은 '시수' 정신을 잃지 않았다. 전쟁 뒤 8년간 고통으로 가득 찬 어두운 터널을 빠져나와, 자립과 부흥을 멋지게 이루어냈다.

한편 핀란드 지도자들의 전쟁범죄 문제가 있었다. 헌법상의 절차에 따라, 전쟁과 평화에 관하여 적법하게 결정한 이를, 설령 그것이 오판이었다 하더라도 법적인 범죄로 간주할 수 없다는 의견이 일반적인 이해였다. 그러나 전승국 소련이 뒤를 봐주던 공산당처럼, 격렬하게 전쟁 책임을 추궁하는 소수가 있었고, 그들은 제 입장을 요란하게 주장했다. 어찌되었든 소련과의 화합은 지상명령이었고, 그들은 마지못해 전쟁범죄 법정을 설치했다. 국민은 '희생양'을 바쳐야 하는 상황에 몰린 데 대해 분개했다. 그러나 강대한 전승국의 압력에 저항하기 어려웠다. 그 결과 뤼티 대통령 및 전 수상, 각료 8명이 재판대에 섰고, 10년의 강제노동형을 받은 뤼티 대통령을 비롯하여 전원이 유죄 판결을 받았다.

핀란드 국민은 이 모든 것이 패전의 대가라고 생각했다. 그러므로 여덟 명의 지도자에 대한 국민 다수의 경의는 조금도 바뀌지 않았다. 지도자들 또한 조국을 위해 부당한 판결을 묵묵히 받아들였다. 뤼티 대통령은 그때 이렇게 말했다. "대통령 관사에 있든 감옥에 있든, 국민에게 봉사한다는 점에서는 같은 것이다." 훗날 퀴티가 사망했을 때 전원수에 어울리는, 성대하고 영예로운 장례식이 치러진 것은 이상한 일이 아니다. 이러한 정치가를 가진 핀란드 국민은 얼마나 행복한가.

냉전 체제 아래서 온갖 고난을 겪은 중립 외교

패전 뒤 핀란드는 연합국 관리위원회(라고는 하지만 실체는 소련의 기관)의 감시와 간섭 아래에서 파리 평화조약을 맺었다.(1947년)

마셜 플랜을 받아들이는 것도 허용되지 않은 가운데, 가혹한 배상금을 훌륭하게 모두 지불했고, 더구나 같은 해(1952)에 제15회 올림픽을 개최하기도 했다. 하지만 그 전에 새로운 문제가 일어났다. 모스크바에서 우호 협력 상호 원조 조약을 체결하자는 요청이 들어온 것이다.

핀란드는 충격을 받았지만 거절할 수는 없었다. 이리하여 1948년 4월 6일 조약을 체결했다. 그러나 전문前文에 "큰 나라들이 대립할 경우 국외局外에 서고 싶어하는 핀란드의 바람을 고려하여"라는 문장을 집어넣을 수 있었다. 이것이야말로 파시키비 대통령이 희망한 바였다. 이것이 핀란드 중립 외교의 기초가 되어, 1956년 취임한 케코넨 대통령의 적극적 중립 외교로 발전해 이른바 '파시키비·케코넨' 노선이 되었다. 이 조약은 그 뒤 세 번(1955년, 1970년, 1983년)에 걸쳐 연장·지속되었고 2003년까지 효력을 유지했다.

그러나 핀란드 국내 정치 상황은 불안정했다. 공산당의 쿠데타 계획과 총파업에 따른 사회 불안을 겪었고, 그 뒤에도 대 소련 관계에서 위기를 겪어야 했다. 우선 1958년 '서리 내리는 밤(또는 겨울 밤) 사건'이라 부르는 파게르홀름 내각의 사임이다. 선거 뒤에 소련이 파게르홀름 사민당 내각의 반소련 색채가 강하다며 기피하여, 소련 대사를 통고 없이 귀국시키고, 통상 교섭을 중단하는 등 압력을 가하여 내각을 와해시켰던 것이다.

1961년에는 이른바 '각서' 위기가 있었다. 당시 '베를린 장벽'이 쌓여 동서 긴장이 고조될 때였는데, 소련은 50메가톤짜리 대형 핵실험을 실행한 직후 갑자기 '서독 군국주의자와 보복주의자들이 북유럽 및 발트해로 진출할 위험이 있다'고 지적하며, 상호 원조 조약에 기초한 군사 협의를 요청했던 것이다. 그러나 진짜 목적은 당시 때마침 진행 중이던 1962년 대통령 선거에서 케코넨을 재선시키려는 것이었다.

모스크바는 '파시키비·케코넨' 노선이 지속되기를 희망했기 때문이다. 그 결과 유력 대통령 후보 혼카가 사퇴하고, 케코넨이 노보시비르스크까지 흐루쇼프를 쫓아가 무릎을 맞대고 담판하여 가까스로 이 위기를 넘겼다.

이러한 사정을 바탕으로 서양 각국에게 이른바 '핀란드화'라는 말을 듣게 되었다.(이 말의 의미에 대하여 자세히 기술할 여유는 없으므로, 관심 있는 독자들은 졸저 『백야白夜의 나라들』을 참조하기 바란다.)

이리하여 대 소련 비판은 금기가 되었고, 모스크바로부터 기피당해온 사민당과 보수당도 대 소련 협력으로 궤도를 수정했다. 또한 북유럽 이사회(북유럽 각국의 협력 기관)에서 소련의 입장을 대변하고, 모스크바의 의향을 따라 북유럽 비핵지대를 제창했으며, 레이건 대통령을 비판하여 미국의 반발을 샀고 혹은 북극권 국가회의에 소련이 가입할 것을 제안하거나 하는 일도 있었다.

그러나 핀란드의 위대함은, 이러한 상황 아래에서도 여전히 씩씩하게 제 운명을 견디고, 주체적으로 행동하는 자유를 확장하며, 최저한의 중립을 견지하려 노력하는 고뇌와 노력 속에 있었다.

이윽고 핀란드의 노력은 보답받게 된다. 모스크바와 워싱턴 모두 핀란드를 신뢰하여 폴카라 기지를 돌려받았고(1955년), 전 유럽 안보 개최지가 되었으며(1975년), 미국과 소련 모두 핀란드의 입장을 평가하게 되었다. 그렇다고 하더라도, 핀란드의 친소련 중립 정책이 과연 소련과의 선린우호 관계를 촉진하는 과정인지, 아니면 소련의 세계 전략에 따라 핀란드가 독립성을 잃어가는 과정인지, 핀란드로서는 해도도 없이 위험한 항해에 나선 심정이었을 게 분명하다. 그러나 비극적 운명에 처했던 핀란드를 묶고 있던 쇠사슬에서 풀려날 때가 찾아왔다. 말할 것도 없이 고르바초프의 등장과 그 뒤의 냉전 종결, 소비에트 연방의 해체였다.

핀란드는 전후戰後 배상 시기인 1950년대부터 부흥과 공업 발전 시기에 들어섰다. 농업과 임업의 비중이 아직 컸지만, 배상을 하느라 기계·선박을 소련에 공급하게 된 것을 계기로 삼아 공업 기반을 계속 확대했다. 이 시기에 북유럽 경제협력구상NORDEK에 참가하지 않아 구상을 좌절시킨 적도 있지만(1970년), 경제성장률은 1970년대 중반까지 평균 5퍼센트, 1975년에는 15퍼센트에 달했다. 이를 정점으로 이후 성장률은 점차 감소하여 1980년대에는 3퍼센트대로 보합 상태가 되었다.

한편 EFTA에 준가맹했고(1961년), EC와 자유무역협정을 맺었다.(1973년) 그러나 수출입 모두 소련이 1위에 오른 것은 정치적 그늘의 영향이라고 하겠다.

국내 정치 면에서는 이제까지 의회에서 다수를 차지한 정당이 없고, 늘 연립 정권이든지 소수 단독 정권이었으며, 주요 정당인 사민당·중앙당(옛 농민당)·국민연합당(보수당)·스웨덴 인민당이 서로 혹은 다른 작은 당과 조합해서 조각組閣이 이루어져왔다.(공산당은 분열되어 당세가 급락했다.)

2
영광스런 레지스탕스 운동으로부터 나토로: 노르웨이

독일군의 기습

1940년 4월 9일, 노르웨이는 별안간 나치 독일군에게 기습 공격을 당했다. 나르비크·트론헤임·스타방에르·베르겐 등 기타 주요 도시·항만·공항이 잇따라 독일군 수중에 떨어졌고, 수도 오슬로에서는 노르웨이 나치 당원들이 "노르웨이는 이제 새 시대로 들어간다!"고 알리는 삐라를 뿌리고 있었다.

브로이엘 독일 공사가 외무성에 등장해 "영국·프랑스의 공격으로부터 노르웨이를 지키기 위해 독일군이 개입했으니, 쓸데없는 저항은 즉각 중지하라"고 통고했다. 그사이에 특별 열차를 수배하여, 국왕·황태자·정부 각료·국회의원들이 하마르(오슬로 북쪽으로 130킬로미터)로 향했다.

오슬로 시민들은 어안이 벙벙했다가 곧이어 강렬한 분노의 감정에 사로잡혔다. 그들은 덴마크도 공격당한 데다, 더구나 이미 항복했다는 사실을 알게 되었다. 스웨덴은 무사한 모양이었지만, 그러나 일단 스웨덴이 구조하러 오리라고는 생각할 수 없었다. 영국에서 원조하겠다는 말이 있었지만 모든 것은 이미 때가 늦은 상태였다.

하마르에서 긴급 회의가 열렸고, 보수당 당수이자 의회 의장인 함브로의 의견에 따라 뉘고르스볼 거국 연립 내각이 성립되었다. 또한 함브로는 의회 권한을 정부에 위임할 것을 제의해 정부가 국가의 전권을 장악하게 되었다. 이른바 '엘베름 수권授權'이다. 국왕은 지방방송국을 통해 국민에게 침략자에 대항할 것을 호소했다.

독일 비행기 편대가 날아와 폭탄을 투하하고 비를 퍼붓듯 기관총을 쏘아댔다. 국왕 일행은 어렵사리 산을 넘어 서해안 몰데에 도착했고, 그곳에서 영국 해군과 연락하는 데 성공해 불타오르는 몰데를 뒤로한 채 영국 군함을 타고 북부 노르웨이 트롬쇠에 도착해 그곳을 임시 수도로 삼아 항전의 결의를 다졌다.

한편 영국군은 트론헤임 북쪽에 상륙해 나르비크에서 또한 격전이 이어졌다. 해전→점령→해전→탈환으로, 독일군과 연합국 사이의 전투가 이어졌다. 63일 동안 저항했으나, 결국 노르웨이가 굴복하고 연합군도 철수했다. 국왕과 니골스보르 수상 및 각료·육해공 막료 기타는 영국 군함을 타고 런던으로 가서 5년간의 길고 괴로운 망명 정권의 길에 올랐다.

독일이 노르웨이를 점령한 뒤, 영국 구축함이 노르웨이 영해 안에서 독일 선박 '아르트마르크호'를 나포한 사건과, 영국 해군이 노르웨이 영해 안에 기뢰를 부설하려는 움직임도 있긴 했지만, 본래 독일이 '베젤 작전'을 결정한 데는 크비슬링(노르웨이 나치당을 설립하고 조국을 배신하며 히틀러에 협력했던 인물)의 역할이 컸다. 크비슬링이라는 이름은 '배신자'의 대명사로 현대 국제정치사 용어로 남아 있는데, 그는 나치 사상가 로젠베르크의 '북유럽 제국' 구성에 푹 빠져, 히틀러를 만나 '베젤 작전'을 펼칠 것을 촉구했다. 그러나 크비슬링은 노르웨이 국민 사이에서 인기가 형편없었다. 그리고 라인 지방의 당 지도자 테르보벤이 집정관으로서 점령 행정을 위해 도착했다.

독일 점령 아래에서의 노르웨이: 레지스탕스 운동의 승리

독일의 점령 아래(1940~1945) 노르웨이의 영광은 그 격렬한 레지스탕스 운동에 있었다. 런던 망명 정부와 '국내 전선戰線'이 협력하여 '자유를 위한 싸움'을 벌인 것이다. 그 성립·활동·시련·좌절 그리고 최종적인 승리야말로 노르웨이 국민이 자랑스럽게 제2차 세계대전에서 특별한 지위를 요구할 수 있는 근거다.

런던 망명 정권은 BBC를 통해 지속적으로 국민에 호소했다. 온갖 직장에 레지스탕스 멤버와 공작원이 있었다. 교회와 학교도 독일군에 협력하지 않을 것을 표명했다. 독일은 오슬로대학의 세이프 학장을 비롯하여 다수의 교수와 학생을 본토에 있는 강제수용소에 보냈다.

외국 점령군 및 괴뢰 정권과의 사투는 점점 더 격렬해졌다. 레지스탕스는 필사적이었다. 발견되거나 체포당하면 고문과 사형이 기다리고 있었다. 그러나 「덴마크 요새」(1965, 미국)로 영화화되기도 한 류칸이 독일 중수重水 제조 시설을 파괴한 것은 연합국에 크게 공헌했다.

또한 영국 본토와 캐나다에서 훈련받은, 작은 규모의 노르웨이 공군과 노르웨이 함대는 영국군과 함께 참전하여 독일에 적지 않은 피해를 입혔다. 런던의 노르웨이 정권도 상선 400만 톤, 선원 2만5000명, 선박 1000척을 연합국에 제공했다. 영국으로 들어가는 석유 절반을 노르웨이 선단이 운반했다. 물론 그 과정에서 노르웨이 선대船隊 절반이 침몰되었고, 승무원 2000명이 죽었다. 노르웨이 본토 국민의 생활은 괴로웠다. 식료품은 전부 소량의 배급제였고 생선조차 충분하지 않았다.

노르웨이 레지스탕스를 미화하거나 이상화해서는 안 된다. 거기에는 어디서나 볼 수 있는 음울하고 비참한 린치와 배신, 밀고 따위가 있었다. 그러나 가차 없이 탄압하는 무력에 대항하여 노르웨이 국민 대다수가 결연히 저항을 이어간 것은 역시 위대한 일이었다.

노르웨이의 싸움은 승리로 종국을 맞이하고 있었다. 문제는 노르웨이 국내에 잔류하고 있던 독일군 대사단이 무조건 항복하느냐의 여부였다. 1945년 5월 7일, 전국의 독일군이 다른 전선에서와 마찬가지로 무조건 항복했다. 이튿날 연합국 정전停戰 감시단이 도착해, 5월 13일 국왕 일행의 선발대 올라프 황태자 전하(자유 노르웨이군 최고 사령관)가 정부 각료와 함께 귀국했다. 환희의 물결이 전국에 흘러넘쳤다. 정치범이 잇따라 석방되었고, 사람들은 거리로 쏟아져 나와 춤

추며 기뻐했다.

4일 뒤인 독립기념일(5월 17일)에 모든 국민이 더할 나위 없는 기쁨을 누렸음은 말할 것도 없다. 그리고 6월 7일, 국민의 폭풍 같은 환호 속에서 호콘 국왕 폐하의 역사적인 조국 귀환이 이루어졌다. 노르웨이 국민은 며칠 동안 한없는 흥분과 환희에 젖었다.

그와 함께 시민들은 독일 협력자들에 대한 복수를 개시했다. 도처에서 음산하고 처참한 린치가 시작되었고, 어느 곳이나 마찬가지였지만 특히 신문이 민중의 증오를 선동했다. 테르보벤은 이미 자살했고 크비슬링은 총살당했다.

독일 협력자에 대한 처형은 법적으로는 문젯거리였다. 노르웨이 형법은 사형을 폐지했기 때문이다. 군형법에 사형이 있었지만, 이 또한 종전 후에는 적용되지 않게 되어 있었다. 그러나 '필요 앞에 법은 없었다'. 결국 엄청난 수의 처형이 강행되었다.

이 보복 감정이 진정되기 위해서는 실로 20년의 세월이 필요했다. 1964년에 이르러 의회는 처음으로 이 문제의 중단을 선언했다.

이로써 노르웨이의 싸움은 마침내 끝났다.

북대서양조약기구NATO 가입

어쨌든 독일군에게 나라를 점령당하고, 국토는 전쟁터가 되고, 5년간 레지스탕스의 폭풍우가 휘몰아쳐, 노르웨이 사회는 황폐해졌고 전쟁 뒤의 생활은 곤궁했다. 그 가운데 게르하르센 연립내각이 발족했다. 게르하르센은 오슬로 시장으로, 세계대전 중에 강제수용소로 이송당한 적이 있는 정치가였다. 당시 정치가에게 강제수용소 이송 경험은 비할 데 없는 영예였다. 그는 그 뒤 단독 정권을 포함해 네 차례 수상을 역임했고, 10년간의 사민당 장기 정권을 이끌었다.

거기에 전쟁에서 승리한 대국 소비에트 연방은 발트제도(스피츠베르겐제도)에서 군사기지를 금지해달라고 요청했다. 1947년 노르웨이는 이를 거부하는 동시에 스웨덴·덴마크와 함께 마셜 플랜을 받아들였다. 이어서 1948년 체코슬로바키아에서 공산당 쿠데타가 일어났다. 이것은 다른 서유럽 여러 나라에서와 마찬가지로 노르웨이의 외교·국방 정책을 전면 재검토하는 계기가 되었다.

그 뒤 북유럽 삼국의 독립적인 중립방위동맹이 좌절되면서, 노르웨이는 같은 시기에 진행되고 있던 나토 가입에 적극적인 자세로 임했다.

당연히 소련은 나토 참가에 대하여 강력하게 경고하며 불가침조약 체결을 제의해왔으나 노르웨이는 이것을 거부했다. 소련의 위협과 방해는 성공하지 못했다. 1949년 4월 4일, 랑게 외교부 장관은 워싱턴에서 나토 조약에 서명했다.

이러한 사정 때문에 노르웨이는 사사건건 소련의 위협과 압력에 시달렸다. 그렇기에 노르웨이는 쓸데없이 소련을 자극하지 않는 정책을 취하게 되었다. '평화로운 시기에 있어서' 핵을 도입하지 않는 정책이 그 한 사례다. 그러나 1960년 5월 5일 U2형 미국 스파이 비행기 격추 사건이 일어나자, 소련은 그 비행기가 노르웨이령 보도에 착륙 예정이었다고 발표하며, 노르웨이의 '침략 행위 가담'을 강경하게 비난했다. 이 사건은 과연 노르웨이 내에 미국 비난 여론을 불러 일으켰고, 정부도 '우방의 신뢰를 저버렸다'고 미국에 항의했지만, 일반 국민은 미국의 경솔함을 비난하면서 동시에 소련의 항의에도 강하게 반발했다.

이 모든 것이 노르웨이의 지정학적, 전략적 위치가 중요한 데서 생긴 일이었다. 노르웨이는 터키와 마찬가지로 소련과 직접 국경을 접한 나토국이고, 무르만스크에서 바렌츠해, 북대서양으로 출격하는 소련 함대의 출입을 감시할 수 있는 지정학적 위치에 있다. 그리고 무르만스크는 소련 북방함대의 기지이고, 핵 전략 체계의 일환을 형성하는 큰 기지군群의 중심이다.

스발바르제도와 바렌츠 해수역을 둘러싼 분쟁(대륙붕의 석유 개발과 수산 자원, 거기에 전략적 의미까지)은 애초부터 외교부 직원의 스파이 사건과 소련 순항미사일의 영공 침범 사건으로, 두 나라 사이에 사건과 문제가 끊이지 않는 상황에서 이제까지 변화해왔다.

노르웨이 정치사에서 중심적 역할을 수행한 것은 다른 북유럽 나라와 마찬가지로 사회민주노동당이었다. 노르웨이에서는 1928년에 노동당 소수 내각이 성립되었는데, 그 뒤로는 1935~1940년 단독, 1940~1963년 연립을 제외하고 23년간 계속 정권을 담당했다. 그러나 그 뒤 보수중도 연립 정권으로 교체돼 정권 복귀로 이어져왔는데, 이사이 1972년에 EC 가입 국민투표에서 51퍼센트가 반대하여 가입을 단념했다.

한편 북해 유전의 발견과 개발이 진행되어, 1975년부터 석유 수출국이 되었다. 이것은 국가 재정에 복음이었다. 덕분에 경제성장률도 순조로웠고, 석유 위기를 배경으로 1970년대는 특히 고도성장이 이어졌다(평균 7퍼센트). 그러나 국제 경제의 변화, 임업·어업 자원의 감소 경향, 노동 비용 앙등으로 인한 국제 경쟁력의 저하, 또한 석유 수입에 의존한 방만한 재정 운영으로 1980년대에는 후퇴기로 들어섰다.

3
나토에서의 햄릿: 덴마크

'모델 피점령국'으로부터의 저항

코펜하겐 북쪽 약 50킬로미터 되는 곳에 햄릿이라 알려진 크론보르 성이 있다. 해협을 사이에 두고 맞은편 스웨덴이 지척에 보이는, 그 오래된 성 지하 감옥으로 들어가는 입구에 전설로 유명한 호르가단스크의 「잠자는 바이킹」 좌상坐像이 있다. 칼과 방패를 움켜쥐고, 투구를 쓴 채 긴 수염으로 덮인 얼굴을 푹 숙인 석상이다. 그의 조국 덴마크에 외적이 침입해올 때, 그는 잠에서 깨어나 덴마크 국민의 가슴에 열렬한 애국의 불꽃을 지핀다고 한다.

1940년 4월 9일 오전 4시, 독일군이 국경을 넘어 덴마크에 쳐들어왔다. 독일 공사가 외교부 장관 집의 문을 두드려 깨워 최후통첩을 보냈다. '영국의 공격을 저지하기 위해서 독일군이 덴마크를 보호하려는 것이니 쓸데없는 저항은 하지 말라'는 내용이었다. 수도 상공에는 독일 공군 폭격기 편대가 선회하며 대량의 삐라를 살포했다. 일찍 일어난 수도의 시민들은 뭐가 뭔지 영문을 알 수 없었다.

덴마크는 1939년에 독일과 10년간의 불가침조약을 맺었다. 평화와 중립을 외교 정책의 핵심으로 삼아온 소국 덴마크는 독일을 도발한 적이 단 한 번도 없었다.

덴마크 국민은 노르웨이도 똑같은 공격을 받고 항전 중이라는 사실을 알았다. 그러나 덴마크의 입장은 노르웨이보다 훨씬 나빴다. 저항하는 데 도움이 될 만한 산악지대 따위는 없는, 모든 국토가 평탄한 소국이었고, 영국의 도움도 기대할 수 없었다. 이미 처칠은 노르웨이 원조를 약속했지만, 덴마크를 도울 계획은 없음을 공언했다. 무엇보다 제3제국 독일의 이웃 나라여서, 도저히 도와줄 수가 없었다.

오전 6시, 국왕은 항복을 결정했다. 불과 2시간의 전격 작전으로 이루어진 점령이었다. 이날부터 해방되기까지 덴마크는 5년간의 점령 기간을 견뎌내야만 했다.

그렇다 하더라도 덴마크 국민은 너무 쉽게 포기했다. 한편 독일군도 초기에는 마치 친척처럼 굴었다. 애초에 덴마크는 군사 목표가 아니었다. 먹을 것은 충분했고 정치적 독립도 보장했다. 스타우닝 내각의 걱정은 노르웨이의 퀴슬링 같은 배신자의 등장이었다. 정부는 예방 차원에서 155명의 덴마크 나치당 당원을 체포했다.

마음씨 착한 스타우닝은 독일이 영국의 점령으로부터 덴마크를 보호해주는 것이라고 진정으로 동의했으며, 독일의 '새 질서'를 인정하고 있었다. 이는 주로 스카베니우스(외교부 장관, 훗날 수상)의 영향 때문이었다. 스카베니우스는 독일의 군사적 승리를 믿고 '새 질서' 속에서 가능한 한 좋은 자리를 덴마크를 위해 확보해야 한다고 생각하고 있었다.

그러나 덴마크 국민은 독일에 복종하면서 은밀하게 복수의 칼날을 갈고 있었다. 이미 점령 초기부터 레지스탕스 그룹 조직이 발족되었는데, 고대 덴마크 선조 왕의 이름을 딴 '고름' 저항 조직 등이 지하에서 생기던 중이었다. 이듬해인 1941년 4월 9일, 카우프만 주미 공사는 본국 정부의 뜻과 달리 미국의 그린란드 방위조약에 서명했다. 이 때문에 카우프만은 매국노라 불렸지만, 훗날 덴마크가 해방되면서 그의 명예는 회복되었다.

이사이 덴마크는 독일에 대한 협력에서 차츰 발을 빼고 있었다. 다수의 시민이 체포당하기 시작했다. 점령은 역시 점령일 뿐이었다. 이리하여 1943년이 그 전환이 일어난 해가 되었다. 그것은 유럽의 전황이 급변하여 더욱 강화되었다.

이제 '모델 피점령국' 시대는 끝나고 '저항의 시대'에 들어섰다. 이미 '보파'와 '호르가단스크' 등 대조직이 레지스탕스 활동을 개시했다. 그 무렵 스타우닝이 병으로 죽고 그 뒤를 이어받는 불르 내각도 독일 점령군의 압력으로 퇴진해, 스카베니우스 내각이 되었다. 그러나 내각은 친독 성향으로 인해 평판이 매우 나빴다.

전국 주요 도시에서는 총파업이 벌어졌고, 런던에서 훈련받은 공작원이 연이어 낙하산을 타고 파견되었다. 유틀란트에서는 잇따라 철도가 폭파되었다. 독일군의 보복도 시작되어, 코펜하겐 시민이 사랑하던 티보리 유원지 일부가 폭파되었다. 나치계 사설 경찰과 친위대('샤르부르크' '기포'라 불렸다)가 게슈타포에 협력하자 저항운동은 급속히 격화되고 있었다.

보수당 당수 메라 의원은 런던에 망명하여 '자유 덴마크' 대표가 되어 런던에서 라디오 방송을 통해 레지스탕스 운동을 격려했다.

'자유평의회' 활동과 독일군의 항복

1943년 8월 27일 집정관 베스트가 긴급사태를 선언하고, 스카베니우스 내각이 사임했다. 덴마크는 독일 군정軍政 치하로 들어갔다. 독일은 단호하게 탄압하기 시작했다. 덴마크군은 해체되었고, 해군 함정도 스스로 침몰시키거나 혹은 영국으로 도망쳤다. 이제 덴마크는 정부가 없는, 무법 상태인 채로 혼란스런 1년 반을 보내게 되었다. 일부 관청과 병원·철도·우편·전신·재정 기능 등이 근근이 이어지고 있을 뿐이었다. 덴마크는 독일과 사실상 전쟁 상태로 돌입했다.

곧이어 레지스탕스 네 단체가 합쳐져 '자유평의회'가 설립되었다. 적지 않은 멤버가 스웨덴에서 군사훈련을 받았고, 스웨덴으로부터 어선을 이용하여 소총과 피스톨, 수류탄과 폭약 등을 들여왔다.

레지스탕스를 지도하는 데에는 보수당과 공산당이 적극적이었다. 이 단계에서 독일은 유대인 문제를 들고나왔고, 1943년 10월 1일 밤(유대인의 새해) 급습을 감행했다. 그러나 정보가 새어나가 1000명을 체포했을 뿐이다. 수천 명의 유대인은 해협을 건너 중립국 스웨덴으로 이미 도망쳤다.

레지스탕스의 성과 중 하나는 게슈타포 본부를 정밀하게 폭격한 일이었다. 런던에 상세한 도면을 보내 영국 공군기의 기습을 안내했다.

덴마크 국민의 각성은 늦었지만, 그것은 국내에서 피로 피를 씻어내는 싸움을 통해 상쇄되었다. 그리하여 영국으로부터 덴마크를 연합국의 일원으로 삼겠다는 약속을 끌어냈다.

이리하여 1944년 6월 26일, 코펜하겐은 큰 혼란 상태에 빠졌다. 총파업이 실시되었고 시내 각처에서 바리케이드를 구축해, 시 전체가 어지럽고 뒤숭숭한 상태가 되었다. 이때 독일군이 반격을 가해 경찰관 2000명을 체포하고 대부분을 독일의 수용소로 보냈다.

이사이에 노르웨이에 상륙한 연합군은 착실하게 덴마크에 접근했다. 그리고 1945년 5월 3일, 런던 방송은 북독일 · 네덜란드 · 덴마크의 독일군이 몽고메리 원수가 지휘하는 제21군에 항복하기로 결정했음을 보도했다. 5월 4일 저녁, 독일군이 항복했다는 특별 뉴스가 라디오에서 흘러나왔다. 덴마크의 모든 도시와 마을도 일제히 때아닌 밝은 등불로 아름답게 빛났다. 5년 만에 찾아온 평화로운 야경이었다. 모든 사람이 집 밖으로 뛰쳐나와, 서로 어깨를 두드리며 기뻐 날뛰었다. 온 나라가 환희의 물결로 들끓었다.

5월 6일, 연합군이 코펜하겐에 들어왔다. 배의 돛대 위에, 전차에, 집에 모두 덴마크 국기(단네브로, 붉은색과 흰색의 열십자 국기)가 펄럭였고, 수도는 완전히 흥분 상태에 빠졌다. 사람들은 어제에 이어 미국·영국·소련·덴마크의 작은 깃발을 손에 들고 거리로 쏟아져나왔다.

이와 함께 저 음산하고 비참한 복수극도 시작되었다. 용의자 목록은 이미 만들어져 있었다. 배신자들에 대한 법적 처분은 1947년까지 이어졌다.

망설임 가운데 나토에 가입

1945년 5월 9일, 크리스티안 14세 국왕은 1943년 8월에 해산되었던 의회를 다시 소집했다. 국왕은 덴마크를 위해 목숨을 잃은 동포들에게 옛 시를 인용하며 바쳤다. "덴마크 장미 정원에서 죽어간 사람들 위에 신의 평안이 있으라, 가슴에 난 깊은 상처에서 피를 흘린 사람들 위에 신의 평안이 있으라."

같은 날 크론보르 고성 지하에서는 호르가단스크 석상을 둘러싼 저항 조직 '호르가단스크' 멤버들이 다시 잠이 든 호르가단스크 어깨에 붉은색과 흰색의 열십자 국기를 걸치고 조직 해산식을 거행했다.

이때 해방되지 않은 장소가 덴마크에 단 한 곳 남았다. 발트해 보른홀름섬으로, 세계대전 말기에 소련군이 상륙하여 점령했던 곳이다. 소련군은 그 뒤 덴마크의 격렬한 항의에도 불구하고 1년이나 빈둥거린 뒤에야 겨우 철수했다.

한편 전쟁 뒤 남부 슐레스비히에 흘러들어온 독일계 난민과 덴마크계 주민들을 중심으로 덴마크에 병합되기를 바라는 운동이 일어났다. 영국을 비롯하여 연합국 쪽에서는 덴마크에 병합되는 것을 지지하는 움직임도 있었지만, 덴마크 정부는 최종적으로 국경이 변경되는 일을 사양했다.

이어서 냉전이 진행됨에 따라 안전보장 문제가 부상했다. 스웨덴이 권유한 북유럽 방위동맹은 좌절되었고, 덴마크는 노르웨이와 함께 나토에 가입했다. 그러나 꼭 적극적인 태도를 취한 것은 아니었다. 체코의 쿠데타, 베를린의 위기, 핀란드·소련 우호협력 상호 원조조약 등에서 오는 소련에 대한 공포심 때문이었다. 하지만 그 뒤 헝가리 동란과 소련군의 개입으로, 나토 지지율은 70퍼센트 이상으로 뛰어올랐다.

소련은 물론 덴마크가 나토에 가입하는 것을 불쾌하게 생각했다. 게다가 덴마크가 발트해를 개방하느냐 폐쇄하느냐 하는 문제는 소련 입장에서 중대한 일이었다. 하지만 나토 탈퇴를 요구하는 니콜라이 불가닌의 항의도 이뤄졌다. 이에 대해 덴마크는 '대국 소련과 똑같이 소국 덴마크도 안전보장상의 권리를 가진다'고 단호하게 회답했다.

동시에 덴마크도 노르웨이와 마찬가지로, 소련을 쓸데없이 자극하지 않기 위해 외국에 기지를 두지 않고, 군대를 설치하지 않으며, 평화 시에 핵무기를 도입하지 않는 정책을 취했다. 그렇기에 1968년 그린란드 앞바다에서 수소폭탄을 적재한 미국 비행기가 추락한 사고가 일어났을 때 정부는 엄중히 항의했던 것이다. 참고로 말하자면, 그린란드는 1951년 미국·덴마크 간 그린란드 방위협정으로 미군이 관리를 맡고 있었다.

그러나 1980년대 들어 새로운 냉전시대가 되자, 애초부터 적극적이지 않았던, 나토에 대한 덴마크의 협력 자세에 동요가 보이기 시작했다. 이는 1978년 나토 중거리 핵무기 배치에 관한 이중二重 결의결정 연기 주장에서 시작되었다. 연이어 1983년에는 교섭을 계속하고 같은 기간 중의 배치는 동결하자는 주장이 되었고, 나토 분담금 삭감 요구까지 진행되었다. 덴마크의 이러한 태도를 나토 안에서도 불쾌하게 보았고, '덴마카이제이션'(덴마크화) 같은 말도 떠돌았다.

이쯤에서 국내 정치를 보기로 하자. 덴마크에서는 1924년에 제1차 사민당 내각이 생겼는데, 1929~1940년 다시 사민당 연합의 안정 정권으로 11년간, 전쟁 뒤에는 1953~1968년까지 이 또한 연합으로 15년간 사민당 정권이 집권했고, 그 뒤에도 자주 정권에 복귀했다.

전쟁 뒤 덴마크 정치에서 특기할 만한 문제의 하나로 1953년 헌법 대개정이 있다. 일원제 이행, 여성 계열 왕위 계승 용인, 옴부즈맨 제도 도입, 그린란드 본국 행정구 편입 등이 주요 쟁점이었다.

경제는 전쟁 뒤 1950~1960년대에 전통적인 농업국을 벗어나 공업국으로 옮겨갔다. 이것을 '제2차 산업혁명'이라 부른다. 물론 농업·낙농업 비중은 여전히 컸다. 그사이 소득격차도 낮고, 소득분배도 공정한 복지국가를 완성했다.

한편 1972년부터 북해의 석유, 1984년부터 천연가스 생산이 시작되어 국내 에너지 자급율이 점차 늘어나고 있었는데, 1970년대 이후 성장률이 둔화되고 변동이 없는 상태가 이어져, 늘 누적 적자를 내는 문제가 생겼다.

산업은 다각적인 동시에 특화되어 있어, 해운 수입도 컸지만 정부는 수출 관련 공업을 더욱 고도화·다각화하는 데 노력을 기울이고 있다.

4
버터도 대포도 중립국 입장에서: 스웨덴

궁지에 몰린 중립국

스웨덴은 독일군의 공세를 모면하여 안도하긴 했지만, 이제 거대한 전쟁의 소용돌이가 제 나라를 둘러싸고 있다는 사실을 알게 되었다. 스웨덴은 즉각 총동원에 착수했다. 최종적으로는 50만을 목표로 삼았고, 그 가운데 10만 명은 여성 부대였다. 1940년 4월 12일, 한손 수상은 라디오 방송에서 엄정 중립을 선언, 중립을 유지하기 위해서는 최후의 병사 일인까지 싸우겠다는 강력한 결의를 표명했다.

그 무렵 노르웨이 북부에서는 아직 격전이 이어지고 있었다. 그러나 스웨덴은 노르웨이에 아무런 원조도 제공하지 않기로 결정했다. 형제국을 원조하지 않았다고 노르웨이 국민이 원망하는 감정은 이해하지만, 이 무렵 노르웨이는 진퇴유곡 상태에 처해 있었다.

한편 독일은 스웨덴의 중립에 주목해 이것을 이용하려 했다. 적십자 마크를 붙인 화차에 대량의 무기와 탄약을 감추고 몇 번이나 노르웨이로 보내려 했다. 그러나 스웨덴 관헌은 중립국의 면목을 걸고 이들 밀수 무기와 탄약을 발견하여 독일로 되돌려보냈다. 그러나 그 뒤 300명의 의사 및 위생병과 부상병 등을 스웨덴 영내로 이송하는 것은 인도적 차원에서 승인했다.

마침내 독일은 구경이 큰 화포와 대공포 등을 실은 봉인차량 30~40대를 수송하겠다는 요구를 밀어붙였다. 정부는 즉각 임시각의를 소집, 외교자문위원회(여당 야당 합동)를 열어 토의를 계속했다. 대포류 수송은 '불허'하고, 아울러 요구한 독일 선원 2500명을 본국으로 이송하며 다수의 독일 부상병을 이송하는 건에 대해서는 '승낙'한다고 회답했다.

그러나 거부하기는 했지만, 그것은 아주 얇은 살얼음을 밟는 듯한 '도박'이었다. 하지만 다행히 이때 히틀러는 네덜란드·프랑스 정부에 열중하고 있어, 북방의 소국 스웨덴 따위는 염두에도 없었던 것으로 보였다.

이어서 베를린에서 다시 새로운 요구가 날아왔다. 노르웨이에 대량의 인원·자재를 통과·수송하겠다는 요구였다. 내각은 격렬한 논의를 되풀이했고, 의회에서도 격론이 오갔다. 결론은 '승인'이었다. 독일군 장병의 휴가 귀국 수송에 동반하는 이송 권리 일체를 인정하는 내용이었다.

스웨덴의 중립은 흔들리기 시작했다. 그 앞뒤로 트론헤임(노르웨이)에서 스웨덴 국내를 경유하여 나르비크로 우회 수송하는 협정(이른바 말굽형 수송)에도 합의했다. 그러나 이 비밀협정은 외부로 새어 나가 영국이 강경하게 항의했다. '교전국 한쪽에 대해 직접 원조를 행하는 것과 똑같은 행위로 중립 위반'이라는 항의였다. 런던의 망명 노르웨이 정부도 똑같이 강력하게 항의했다. 이에 대해 스웨덴 정부는 '어떠한 중립 정책이라 하더라도 그 한계를 갖는 법이다'라고 회답했다.

스웨덴의 고민도 이해할 수 있다. 이미 서유럽 대부분이 히틀러의 지배 아래에 있었다. 더구나 이탈리아와 소련, 스페인도 모두 히틀러 편에 서 있었다.

스웨덴 정부는 독일에 군단·물자 수송 허가를 내주는 것이 독일 입장에서 굉장한 이득이고, 또한 의심할 여지 없는 중립 위반이라는 사실도 알고 있었다. 하지만 잘못해서 영내에 떨어진 불발 V2 로켓탄을 영국에 보내준다든지, 노르웨이와 덴마크 요원을 피란시키거나, 자유의용군 훈련을 진행하는 등 여러 가지로 연합국을 위해 노력해서 벌충했다.

한편 성가신 사건도 속출했다. 그중 하나는 노르웨이가 독일군에 공격당했을 때 스웨덴 여러 항구에 정박하고 있던 약 37척의 노르웨이 선박 인도 문제였다. 독일과 노르웨이 양쪽에서 인도하라는 요구를 받아 궁지에 몰린 것이다. 그러나 스웨덴은 입법 조치를 취해 문제를 상급 재판소에 부탁하고 '재판 사법권에는 정부라 하더라도 개입할 수 없다'고 회답했다. 재판은 아주 더디게 진행되었고 결국 노르웨이의 승소로 끝났다.

난관이 끝나면 또 다른 난관이 나타났다. 이번에는 세계대전 중 가장 중대한 중립 위반 사건이 일어난다. 1941년 6월 22일(독일이 소련을 공격한 날), 베를린은 일련의 신규 수송 요구를 들이밀었다. 가장 큰 건은 완전무장한 일개 사단을 노르웨이에서 핀란드를 거쳐 스웨덴령을 경유하여 이송하는 것이었다. 통고에는 '거부는 비우호적 행위로 간주한다'라고 강조되어 있었다. 정부는 분열 직전으로 몰렸고, 각 당 간의 협력은 위기에 처했다. 국왕은 퇴위하여 친독일 정권이 성립된다는 소문이 퍼졌다. 승낙하는 것은 변명의 여지 없는 중립 위반이라는 사실이 너무나 명백했다.

이때 결정적인 영향을 끼친 인물은 구스타브 5세 국왕과 한손 수상이었다. 정부는 해명했다. "이 결정에 즈음하여 우리는 스웨덴의 이익만을 염두에 두었다. 가장 큰 목적은 독립 유지다."

몽겔브레크트 사단 1만5000명의 수송은 2주간에 걸쳐 완료되었다. 정부는 의회에서 설명했다. "그러나 그것(수송)은 야간에 이루어져 아무도 본 사람이 없었습니다." 연합국 쪽이 분개한 것은 당연하다.

하지만 이것으로 문제가 끝난 것은 아니었다. 한숨 돌릴 틈도 없이 이런저런 요구가 잇따라 쇄도했다. '중립'은 이제 명목뿐이었다. 그럼에도 스웨덴은 인내에 인내를 거듭하면서 여전히 탄력적인 정책을 아슬아슬하게 유지했다. 어떤 것은 거부하고, 어떤 것은 받아들였으며, 어떤 것은 수정해서 받아들였다. 이는 중립에 대한 처절한 집념이었다.

그러나 마음이 있는 국민은 더 이상 중립의 명예를 말할 단계가 아니었다. 한편 핀란드의 대 소련 전쟁에 군대를 보내야 한다고 주장하는 유력자들이 수상 앞으로 공개 편지를 보내 혼란을 불러일으켰다. 그들의 주장은 '독일이 진행하는, 유럽의 신질서라는 장대한 사업에 스웨덴도 참여해야 한다'는 것이었다. 더구나 국내 언론은 규제와 발행 금지가 이어져 우울하기 짝이 없는 상태가 되었다.

그러나 머지않아 유럽에 전환의 전기가 찾아왔다. 독일 및 추축국의 승리가 의심스러워진 것이다. 스웨덴 국내에는 점차 안도의 밝은 분위기가 퍼졌다. 게다가 3년간 필사적으로 증강해온 군사력이 드디어 위력을 발휘했다. 충분하지는 않았지만, 이제 덮어놓고 독일의 요구를 두려워할 필요는 없어졌다. 스웨덴은 주의 깊게 양보 정책을 전환하기 시작했다. 가령 독일이 분노한다 하더라도, 이제 독일은 소련을 상대로 인원·자재 면에서 날마다 방대한 출혈을 보고 있는 판국이라, 새롭게 스웨덴 군사작전을 실시할 여력이 없다는 사실은 누가 보더라도 분명했다.

스웨덴은 전황의 추이를 보면서 신중하게 대응했고, 1944년 가을에 들어선 뒤 처음으로 이번에는 연합국의 요구에 응했다. 이미 스웨덴의 위기는 사라져 있었다.

1945년 5월 7일, 제3제국은 무너졌고 스웨덴은 간신히 중립을 유지할 수 있었다. 정확하게 말하자면 중립 위반에도 불구하고 중립을 유지할 수 있었다. 히틀러가 유럽대전에 나섰을 때, 유럽에 '중립국'은 20개국이 있었다. 그러나 대전 말기에는 불과 세 나라인 스웨덴과 스위스와 포르투갈(그러나 포르투갈은 1943년에 아조레스제도를 영국에 군사 기지로 대여하여 이 또한 불완전 중립)뿐이었다.

스웨덴의 중립은 순전히 행운이었다고 해야 할지 모른다. 그러나 정부와 국민의 신중하고 현명한 노력·인내가 없었다면 중립도 성공하지 못했을 것이다.

그리고 만약 중립이 교전국에 대한 공평함을 의미한다면 스웨덴은 중립을 지키지 못했다. 전반에는 독일을 도왔고, 후반에는 연합국을 도왔기 때문이다. 그런 의미에서 중립은 '얼음처럼 냉혹하고 이기적인 가능성을 내포한 정책'이었다. 그렇기에 '스웨덴은 이러한 이기적인 중립을 지켜서는 안 되었다'며 국내외에서 전쟁 뒤에 한참 동안 논의가 오갔다. 하지만 그것은 다른 나라와 마찬가지로 스웨덴 입장에서는 생존을 위한 싸움이었다.

냉전 시기의 중립 정책

스웨덴은 전쟁 뒤 빠르게 부흥했다. 직접적으로 전쟁 피해를 입지는 않았기 때문이다. 내각도 거국 연립내각은 해산되고, 사민당 단독 내각이 발족했다. 스웨덴은 세계대전을 경험한 뒤 강력한 국방력을 중시하게 된다. 거기에는 새로운 동서 대립 시기에 군사적 진공지대는 침략을 유발한다는 인식이 있었다. 독일 제3제국은 분쇄되었지만, 그 대신 소비에트 연방이 전에 없이 가까이에 출현하여, 발트해는 '소련해'가 되었고, 핀란드는 소련의 속박을 받는 나라가 되어가고 있었다.

스웨덴은 노르웨이와 덴마크에 북유럽 군사동맹 구상을 제안했다. 그러나 구상은 좌절되어 두 나라는 나토에 가입하고, 스웨덴은 전통적인 중립 정책으로 돌아갔다.('중립'은 전시 국제법 용어이고 엄밀하게는 '비동맹'.)

스웨덴은 국제연합 중심주의 외교 정책을 폈다. 그때 한국전쟁이 터졌다. 스웨덴은 북한의 침략을 비난했지만, 국제연합의 제재 조치에는 인도적 참여(야전병원 건설과 후방 지원 요원 파견)에 머물렀다. 중립 정책과의 타협이 거기에 있었다. 그리고 국제연합 제네바 군축회의와 '비핵클럽' 구상, 비핵지대 제창 등 국제연합에 대한 협력에는 매우 적극적이었다. 그것은 국제연합 평화유지군 설립이나, 팔레스타인에서 국제연합을 위해 순직한 베르나도테 백작, 콩고 내전 때 순직한 함마르셸드 국제연합 사무총장을 생각해도 알 수 있을 것이다.

또한 스웨덴은 중무장 중립 정책을 취했다. 군사력을 통해 군사력을 부정하는 평화의 역설에 대한 현실 인식에 기초한 태도였다. 그러므로 전체 방위라는 방식을 취하여, 국민개병國民皆兵은 물론이고 민간 방위까지 조직했으며, 국방 예산은 매년 GNP의 3~4퍼센트를 차지했다. 더구나 무기 대부분은 자국에서 개발하여, 세계적으로 유명한 보포시 대포·비겐 초음속전투기·S형 무탑포無塔砲 전차·칼 구스타브 대전차포 등을 생산했다. 공군은 전투기만 갖췄을 뿐 폭격기는 없었다. 전적으로 공격이 아니라 방위를 목적으로 했기 때문이다. 내륙에서는 주요 무기 공장이 지하에 있고, 9대 도시에는 지하주차장으로 사용되고 있는 대규모 핵 대피 참호가 있으며, 전국적으로는 50만 명

이 대피할 수 있는 참호를 완성했다.(총인구 850만 명)

그러나 소련과는 긴장관계였다. 예를 들어 1981년에 소련 원자력 잠수함이 영해 내에서 좌초한 사건이 일어났다. 이때 스웨덴은 초강대국 소련에 대해 의연한 태도를 취했다. 더구나 당파를 초월하여 사건에 대처했다.(영해 침범 사건은 자주 일어났다.)

그 외에 대규모 스파이 사건도 일어났다. 또한 미국과도 긴장관계였다. 베트남 전쟁 중 미국을 비난한 것이 원인이었다. 바르메 수상이 취한 적극 중립의 일면이기도 했다.(다만 보수당 및 일반 국민은 수상의 언동을 두고 중립국에 있을 수 없는 일이라고 비난했다.) 그러나 이는 또한 북유럽의 이른바 '노르딕 밸런스'(핀란드의 중립, 스웨덴의 중립, 노르웨이 · 덴마크 · 아이슬란드의 나토 가입에 의한 '북유럽의 균형')가 성립되도록 만들었다.

국내 정치로 눈을 돌리면, 스웨덴에서는 1936년부터 1976년까지, 전시 중의 거국 연립내각을 포함해, 전쟁 뒤 극히 단기간의 농민당 내각을 제외하면, 사민당이 40년간(때로는 농민당[현 중앙당]과 연립하면서) 거의 계속해서 정권을 맡았다. 그 뒤로도 자주 정권에 복귀하여, 합산하면 50년 이상이 사민당 정권이다.

경제는 전쟁 뒤부터 1960년대에 걸쳐 순조롭게 성장을 이어갔지만(3~4퍼센트), 1970년대 들어 성장이 저하되고, 1980년대에는 더욱 저하되어 1퍼센트대로 내려앉아 1980년대 말 심각한 경제위기로 이어졌다. 두 차례의 에너지 위기, 노동 비용 증가, 복지 예산 증대로 인해 국제 경쟁력이 떨어졌고, 게다가 산업 구조 전환기와 겹친 점도

들 수 있겠다.

이사이 중요한 문제로 1809년 기본법(통치법) 등을 근본적으로 개정하여(1975년), 국왕의 권한은 거의 소멸해 완전히 명목상의 원수가 된 일, 또한 1980년에 원자력발전 폐기 국민투표 결과로 인해 원자력발전은 현재 12기에서 멈추었고, 더구나 21세기까지 폐기하기로 되어 있어 중대한 에너지 문제에 직면하고 있는 점을 들 수 있겠다.(그 뒤 폐기를 재고하는 방향으로 가고 있다.)

제2차 세계대전 및 냉전 시기 북유럽 각국의 상황은 이 장에서 정리한 정도로는 애초부터 충분하지 않다. 훨씬 더 복잡하고 극적인 깊이와 너비를 가지고 전개되었으므로, 가능하면 졸저 『백야의 나라들』과 『폭풍우 속의 북유럽』을 통해 보완했으면 한다.

5
북극권 아래의 자립: 아이슬란드

'사가' 시대에서 덴마크 통치까지

아이슬란드는 그린란드와 스칸디나비아반도 북부의 중간으로 거의 북극권 아래에 있는, 일본의 4분의 1가량 되는 고도孤島이고, 화산과 빙하와 중세 북유럽 문학과 어업의 나라다. 800년대에 원래 거주하던 아이슬란드 수도사들을 몰아내고 노르웨이가 식민을 시작했는데, 잉골프 아르나르손(레이캬비크시 언덕 위에 기념 동상이 서 있다)이 최초의 식민 지도자였다(874년)고 고문헌은 전하고 있다.

그 뒤 930년부터 1030년 무렵까지를 아이슬란드 역사에서는 '사가'(북유럽 옛 전설) 시대라 부르는데, 그 앞뒤로 다수의 사가가 쓰였다. 내려와서 12~13세기 전후에는 노르웨이와 아이슬란드 간에 꽤 왕래가 있었던 듯하다. 『에다』(북유럽 신화)에서 유명한 스노리 스툴루손(1178~1241, 아이슬란드의 위대한 시인·정치가) 등은 노르웨이에서부터 스웨덴 서부도 여행했다.

주목할 만한 것은 930년에 세계 최고最古의 의회가 레이캬비크 동북 50킬로미터에 있는 싱벨리르에서 열렸다는 사실이다. 이해부터 매년 여름 2주간 이 지역에 온 섬의 바이킹 입식자入植者들이 모여 시장을 열고 스포츠 경기도 하면서 정치 집회를 열었다. 물론 삼권분립 개념도 확립되어 있지 않은 시대여서, 행정도 없고 입법과 사법을 아울러 결의했다.

그러나 13세기 말 무렵 노르웨이의 종주권을 받아들였고, 1380년부터는 덴마크의 통치에 복종하게 되었다. 그 뒤 15세기에는 영국 해적이 쳐들어오고 약탈하거나 했는데, 결국 영국이 덴마크 종주권을 확인해줘, 덴마크 무역회사가 아이슬란드 무역을 독점했다.

하지만 17~18세기는 재앙과 불운의 시대였다. 잇따른 화산 대폭발(헤쿠라를 중심으로 한 화산 대폭발은 1636, 1660, 1727, 1783, 1784~1785년으로 이어졌다)에 따른 기후 불안정, 질병·흉작 등에다 덴마크 상인의 수탈까지 더해져 거의 생존이 불가능한 상태까지 내몰렸기 때문에, 덴마크 정부는 한때 섬 주민 전부를 덴마크로 이주시킬 계획을 세우기도 했다. 그 뒤 기후가 안정되어 아이슬란드인들은 가까스로 어찌어찌 사회생활을 재건할 수 있었다.

세계대전을 계기로 삼은 독립

1800년 당시 아이슬란드 인구는 4만7000명가량이었는데(현재

2021년 기준 34만여 명—옮긴이), 이 무렵부터 민족적 자각이 높아졌다. 이리하여 1874년, 의회는 덴마크 정부와 재정에 대해 협의할 권한을 취득했고(마지막 의회는 1798년. 그 뒤 1845년까지 중단. 같은 해 레이캬비크에서 새 의회가 부활), 1904년에 어느 정도 자치권을 부여받았고 이어서 1918년에는 덴마크의 동군 연합에서 대등한 국가로서의 지위를 인정받았다.(외교권만 덴마크가 행사)

그 뒤 1940년, 독일군보다 선수를 쳐서 영국군이, 1941년에는 미군이 들어와 아이슬란드를 점령했다. 한편 독일군이 덴마크를 점령하자 본토와 분리된 아이슬란드는 이를 계기로 덴마크에서 완전히 분리·독립할 것을 결의, 1944년 6월 25일 국민투표를 실시(7만336표 대 535표로 독립 지지)했고 같은 해 6월 17일(19세기 중반 무렵의 독립운동 지도자 욘 시구르드스손의 탄생일) 공화국으로 독립함을 선언했다. 연합 협정에서 독립하는 데는 덴마크 본토와의 합의가 필요했지만, 덴마크는 아무 말 없이 이를 추인하고 동의했다.

미니 국가의 산업과 경제

그 뒤 1949년 미·소 냉전을 배경으로 소련이 접근해오기도 했지만, 아이슬란드는 공산당 등의 저항·반대를 물리치고 나토에 가입했으며 이어서 1951년 미국과 방위협정을 체결했다. 그 결과 케프라비크 미군 기지가 생겼고, 아이슬란드 노동자의 고용 효과, 기지 사용료 등으로 미니 국가의 재정에 무시할 수 없는 경제적 의미를 갖게 되었다.

북유럽 신화

북유럽 신화는 바이킹들이 믿었던 신들과 거인의 이야기다. 북유럽 신화의 원전은 두 가지다. '운문 에다'와 '산문 에다'라 부르는 것이다. 여기에 다시 덴마크의 삭소 그라마티쿠스(추정 1150~1220)가 쓴『게스타 다노룸』(덴마크 역사)의 앞쪽 9장과, '사가'와 '스칼드'(둘 다 북유럽 고시古詩와 고전설)가 더해진다.

산문 에다는 12세기 아이슬란드의 시인·정치가 스노리 스툴루손(1179~1241)이 쓴 시학 텍스트를 말하며, 제1부가 '길피의 속임수', 제2부가 '시법詩法', 제3부가 '핫타탈'이라는 국왕 · 귀족에 대한 헌시로 구성되어 있다.

그러던 중 1643년, 아이슬란드 스칼홀트의 주교 브뤼뇰푸르 스베인손이 농가의 헛간에서 오래된 양피지 사본을 발견했다. 여기에는 신화 · 고시가 포함되어 있었고 그 대부분의 내용이 스노리가 '에다' 속에서 인용한 것이었다. 그는 이것이 아무도 본 적이 없는, 스노리의 '에다' 원본이라 생각했다. 만약 그렇다면 그것은 스노리 이전의 대학자로 유명했던 세문드르 프로디가 편찬한 것일 수 있었다. 이리하여 '세문드르의 에다'라는 명칭이 생겨났다. 그 내용은 신화편 11편, 영웅시 18편이었다.

이로써 두 종류의 '에다'가 등장하게 되었다. 사람들은 이미 세상에 나와 있던 '에다'를 '스노리의 에다' '산문 에다' '새 에다'라 부르고, 다른 쪽을 '세문드르의 에다'(실은 세문드르가 편찬한 것인지 아닌지 분명하지 않지만), '옛 에다' '운문 에다'라 불렀다. 그러나 일반적으로 '에다'라 하는 것은 '옛 에다'를 가리킨다. 9세기경 이교도 시대에 쓰였기 때문이다. '새 에다'는 13세기에 쓰인 것이다.

또한 기독교는 12세기에 아이슬란드에 들어왔다. 그래서 '새 에다'에는 세가가 몰락한 뒤에 새로운 천지가 등장한다는 기독교적 영향이 더해져 있다.

아무튼 '에다'에는 북방 게르만의 거칠고 비극적인 정신이 흐르고 있다. 그리고 '옛 에다' 중에서 가장 웅대한 것이 권두에 나오는 '무녀의 예언'에 있는, 천지창조에서부터 몰락하기까지 신들과 거인과 인간이 펼치는 웅대하고 몽환적인 세계를 극적으로 그린 이야기다. 또한 '옛 에다'는 덴마크 왕실에 헌상되었고(1662), 뒤에 코펜하겐 왕실도서관에 옮겨져 '코덱스 레기우스'라 불려왔는데, 아이슬란드 독립과 함께 본국으로 반환되었다. 이러한 경위를 거쳐 현행 '에다'는 통상 34편이 포함되게 되었다.

참고로 말하자면, '에다'의 의미에 대해서는 여러 설이 있다. 우선 '큰 할머니'라는 뜻이라고 한다. 즉 '할머니의 이야기'라 보는 것이다. 또한 아이슬란드 서남부의 오디라는 지명에서 왔다는 설도 있다. 그곳에서 세문드르 프로디가 학교를 열었고, 스노리는 청소년기를 이곳에서 보냈다. 그러므로 '오디의 책'이라는 의미라고 주장한다. 또한 일본의 북유럽 고대 문학 권위자 오사카외국어대학의 스가하라 구니시로 교수는 '편찬된 것'이라는 뜻의 옛말이라고 보는 설을 취하고 있다.

한편 아이슬란드는 북유럽 가운데 경제 구조가 제3세계에 가까워 큰 문제가 발생했다. 아이슬란드 산업은 어업뿐이라 해도 좋을 만큼 국가 경제는 수산품 및 수산가공업에 크게 의존하고 있다. 그것을 수출해서 국민 생활에 필요한 모든 자재와 필요한 물품을 수입한다. 따라서 수산업의 동향에 사활이 걸려 있다. 이런 연유로 근해 어장 보호 때문에 아이슬란드와 영국 간에 이른바 '대구 전쟁'이 일어났다. 1958년에 일방적으로 12해리를 선언하여 어업 수역을 확대했고, 1972년에는 50해리로 확대, 다시 1975년에는 200해리로 확대했다.

이 때문에 어민의 이익을 지키기 위해 아이슬란드와 영국 사이에 격렬한 분쟁이 발생했다. 아이슬란드는 어쨌든 당시 인구 26만 명에 불과한, 절해의 작은 섬나라여서 군대도 없고 경비정만이 유일한 무장 세력이었다. 이 경비정이 특히 1975년 분쟁에서 영국 어선의 어망을 끊거나, 영국 포함에 총격을 가하며 필사적으로 공격함과 동시에, 외교관계를 단절하고 나토를 탈퇴하겠다는 뜻을 내비쳐 미국의 조정을 끌어냈다. 마침내 영국은 어장에서 철수했다.(그 뒤 어선의 수를 제한하는 조건으로 영국 어선의 조업을 인정했다.) 아이슬란드 근해는 특히 대구 조업이 중심이기 때문에 이것을 '대구 전쟁'이라 불렀다.

그런데 지도를 보면 금방 알 수 있듯 아이슬란드는 전략적으로 중요한 위치에 있어 미국과 소련이 서로 견제하는 곳이다. 특히 1984년에는 유사시 미군이 핵무기를 배치한다는 비밀문서가 미국 언론에 유출되어 문제가 되었고, 아이슬란드 정부가 워싱턴에 설명을 요구하는 문제가 발생했다. 아이슬란드가 미국을 대하는 태도를 보면 상반되는 감정이 공존하는 면이 있다.

아이슬란드 경제는 어업 자원 상황이나 수산물의 국제 시장 현황에 따라 쉽게 변동되기 때문에 종종 수출이 격감하는데, 무역 의존도가 높기 때문에 즉각적으로 타격을 입는다. 1970년에 EFTA에 가입했고, 근년에 외국 자본을 도입하여(주로 스위스) 수력발전, 알루미늄 생산, 기타 대체산업 육성에 힘쓰고 있다.

최근의 경제는 정체 기미를 보여, 1980년대 후반에 크로네(노르웨이·덴마크의 화폐 단위) 평가절하와 인플레이션으로 고생했다. 1990년대에 들어와 성장률도 마이너스로 떨어져, 유럽경제영역EEA에 참가하여 EC 시장에 수산물 자유 접근을 얻은 한편, EC 멤버국 어선의 접근은 거부하고 있다. 또한 IWC(국제포경위원회)에서 탈퇴할 가능성도 갖고 있다.

국내 정치를 보면 20세기에 들어오고 나서 본격적인 정당 정치가 시작되어, 전쟁 전에는 사민당이 중심이었지만 전쟁 뒤에는 거의 독립당(보수당)과 사민당이 2대 정당으로서 연립정권을 담당해왔다. 대통령은 역대로 재선·삼선이 많았고, 1980년 이래 핀보가도티르이고, 1991년에는 오드손(전 레이캬비크 시장) 정권(독립·사민 연립)이 들어섰다.

전환의 시대

냉전이 끝난 뒤의 북유럽

고도의 복지국가 건설과 국제평화 유지에 대한 공헌

바이킹에서 시작된 북유럽 1000년의 역사도 드디어 종장에 이르렀다. 여기서 현재의 북유럽을 개관하고 북유럽사의 막을 내리기로 하자.

현대 북유럽 각국은 모두 세계 톱클래스에 들어가는 부유한 나라이지만, 20세기 초 무렵에는 아직 북미 이민이 이어지는 빈곤한 나라였다. 그런 나라들이 세계의 모델국이라는 말을 들을 만큼 부유한 생활과 잘 갖추어진 복지를 구축할 수 있었던 배경은 물론 단일하지 않다. 축복받은 지리적 조건, 자연자원, 인구와 국토의 적절한 규모, 우수한 국민성 등 여러 가지가 있을 것이다. 그러나 주요 원인은 20세기에 들어 국민 다수의 지지를 얻은 사민당(내지 노동당)이 수십 년 동안 장기간 안정된 정권을 잡아 복지 정책을 추진하고, 각 야당도 여기에 협력한 데 있다고 말해도 좋을 것이다.

그것은 자본주의도 아니고 사회주의도 아닌 '제2의 길', 이른바 슈퍼 자본주의 정책에 입각한 것이었다. 바꾸어 말하면 자본주의 경쟁 원리와 사회주의 분배 원리를 조화시킨 자리에서 피어난 체제이고, 말하자면 혼합 경제의 성과라 해도 좋을 것이다. 그 성공의 열매를 거둔 것이 1950~1960년대의 '황금시대'였다.

그러나 이러한 고도의 복지국가 건설과 함께 잊지 말아야 할 점은, 이 작은 나라들이 자국의 국내 정치뿐만 아니라 국제 평화 유지에도 공헌하려 한 노력이다. 하마숄드 국제연합 사무총장의 구상에서 탄생된 '국제연합 평화유지군'이 그 한 사례다.

1964년 덴마크·스웨덴·노르웨이·핀란드는 국제연합 대기군待機軍을 창설해 지금까지 열 차례 이상, 열아홉 지역에서 연 인원 6만 명의 병사를 파견하여 평화 유지 활동에 기여했다. 이 과정에서 수십 명이나 되는 희생자도 나왔다. 애초부터 초대 트뤼그베 리 국제연합 사무총장이 노르웨이 사람이었다. 또한 스웨덴의 베르나도테 백작(적십자사 총재)은 팔레스티나에서 국제연합 일을 하다가 순직했고, 하마숄드 사무총장 또한 콩고에서 순직했다.

개발도상국에 대한 원조활동도 세계의 모범이다. GNP 대비 ODA(정부 개발 원조) 비율은 스웨덴·노르웨이·덴마크 모두 1퍼센트가 넘는다.(핀란드는 1990년에 국제연합 목표인 0.7퍼센트에 도달했다.) 이에 비해 세계에서 손꼽히는 원조 대국 일본을 비롯하여 많은 선진국의 비율은 0.3퍼센트 전후다.

또한 동부 그린란드 귀속을 둘러싼 덴마크·노르웨이 분쟁(1931년)과, 네덜란드 제도를 둘러싼 핀란드·스웨덴의 귀속 분쟁(1921년) 둘 다 국제연맹의 재정裁定을 받아들여 확정된 것처럼, 분쟁을 평화적으로 해결하는 북유럽의 평화주의는 서로 피를 흘리고 있는 세계의 분쟁지역, 분쟁국을 생각하면 한결 역사적인 광채를 더하는 데가 있다.

학술·과학·문화 방면에서 보여준 북유럽 각국의 세계적 기여에 대해서는 더 말할 필요도 없을 것이다.

노르딕 밸런스의 소멸

1989년 말 말타 냉전 종식 선언 뒤, 유럽에 일대 지각 변동이 일어났다. 이에 따른 동유럽 민주화의 광풍과 독일 통일, 소비에트 연방 해체와 유럽통합의 진전이 그것이다. 이는 당연히 북유럽에도 결정적인 영향을 끼쳐, 북유럽 각국은 재편의 소용돌이에 휘말렸다. 그것은 우선 국제정치적으로는 '노르딕 밸런스'의 소멸이고, 역사적으로는 제정 러시아·나치 독일·소비에트 연방으로 이어진 동방·남방에서 오는 위협이 세 차례 사라졌음을 의미하며, 대국을 둘러싸고 1000년간 이어져온 패권 투쟁이 끝났음을 알리는 것이었다.

이미 핀란드는 옐친 러시아와 1948년 상호 원조 조약의 무효화를 확인했고(1992년 1월 20일), 이른바 '핀란드화'는 여기서 막을 내렸다. 그 대신에 두 나라는 정치·경제·지역 협력에 관한 세 협력을 조인했다. 또한 러시아는 이에 따라 핀란드가 EC에 접근하는 데 동의했고, 핀란드는 즉각 1992년 3월 18일 EC 가입을 신청했다. 한편 스웨덴은 입장이 조금 달랐다. 러시아의 장래에는 아직 커다란 의문부호가 붙어 있다고 여겨, 예를 들어 국방군의 부분적 합리화 내지 상징적 축소에 착수하면서도, 1990년대의 국방 5개년 계획은 기존 방침대로 변경 없이, 2000년대 신형 잠수함 설계 연구 등도 계속 진행하기로 결정했다. 이런 지점이, 나토 가맹국 덴마크·노르웨이가 재빠르게 국방비 축소·삭감에 착수한 것과는 다른, 과연 스웨덴다운 지점이다. 그럼에도 노르웨이는 스웨덴의 군비 축소에 불안감을 표명하고 있다.

스웨덴과 핀란드는 북유럽에서 러시아의 전략적 이익이 여전히 바뀌지 않았다고 보아, 두 나라의 중립이 북유럽에서 계속해서 중요한 의미를 지닌다고 보는 신중론이 유력하다. 한편 WEU(서유럽 동맹)에 가입할 것을 주장하며, 서유럽의 일원이 되고 싶다는 목소리와 중립을 버리지 말아야 한다는 목소리가 대립하며 다투고 있는 상황이다. 이에 특히 핀란드에서는 러시아가 장래에 취할 공격적 정책에 대비하기 위해, 미국으로부터 비공식으로 안전 보장 약속을 확실하게 받으려는 움직임도 있다.

한편 스웨덴·덴마크는 이른 단계부터 내정간섭이라는 구소련의 항의를 물리치고 발트 삼국의 독립을 지지해왔으며(핀란드가 대 소련 관계를 고려하여 동서냉전 종결을 확인하기까지 소극적 태도를 취한 것은 당연한 것이리라), 1992년 11월 5일 북유럽 이사회(1952년에 발족한 북유럽 차원과 유럽 차원, 지구 차원에서 북유럽 협력에 대해 협의·권고하는 기구. 핀란드는 1955년에 가입)는 정치 · 외교 · 군사를 토의하지 않는 이전의 불문율을 버리고, 삼국 대표를 이사회에 초대하는 데까지 발을 내딛었다.

발트 삼국이 독립한 뒤 북유럽 각국은 즉각 이것을 지지, 또한 삼국에 주둔하는 구소련군의 조기 철수를 주장하며 발트 삼국을 적극적으로 지원했다. 그와 함께 발트 연합 10개국에 의한 발트 평의회가 설립되었다.(1992년 3월 6일) 이것은 북유럽 네 나라와 발트 삼국에 러시아 · 폴란드 · 독일이 참가하여 발트 권내圈內의 공통 이익(관광 · 운수 · 통신 · 환경 기타에 대한 실무 분야)을 협의 · 촉진하기 위한 기구인데, 이와 함께 발트 연합 32개 도시 연합도 성립돼, '새로운 한자 동맹' 성격을 띤 조직도 발족한 상태로 북유럽 · 발트권은 급속히 확대 · 심화하는 양상을 보이고 있다.

EC 가맹 동향

그와 함께 북유럽 각국이 서유럽 중심으로 복귀하려는 움직임이 빨라지고 있으니, 바로 EC 가맹 움직임이다. 더구나 1992년 2월 7일 조인된 마스트리히트 유럽연합 조약에 북유럽은 강렬한 충격을 받았다. 북유럽은 소련 해체와 유럽 통합 사이에 끼어 정치 · 외교뿐만 아니라 경제 · 통상에서도 전면적 재편을 꾀할 수밖에 없었다. 우선 가입 논의 과정에서 스웨덴은 '중립'의 의의를 대폭 후퇴 · 축소시켰다. 슐뤼테르 덴마크 수상(당시)의 말처럼 "현재 국제정세 아래에서 중립은 시대착오적으로 바뀌는 중이다".

그러나 스웨덴의 중립은 본래 국익을 중심으로 삼는, 폭이 넓고 유연한 정책이어서 1991년 7월 1일 EC 가입을 신청할 수 있었다. 따라서 여전히 중립을 다시 정의하고 해석하는 일을 둘러싼 논쟁이 진행되고 있다. 그것은 장래 EC, WEU와 NATO 관계가 명확해지고, 확대된 유럽 안전보장 시스템이 성립될 경우, 이미 EC에 가입하고 있는 스웨덴의 중립(비동맹) 정책이 180년 전통을 뒤로하고 발전적으로 사라짐을 의미하는 것이리라.

문제는 노르웨이다. 여기서는 1972년에 국민투표로 EC 가입을 부결시킨 적이 있고, '노르웨이인의 노르웨이'라는 여론이 강하다. 당연히 주요 정당의 의견도 갈라져 있다. 게다가 국민투표 결과, 덴마크의 마스트리히트 조약을 거부했다.(1992년 6월 2일) 노르웨이(뿐만 아니라 스웨덴·핀란드도 포함) 반대파는 크게 세력을 키웠다.

그러나 스웨덴이 가입하면 노르웨이가 가입하지 않은 채 머무르는 것이 곤란하고, 그 관계는 핀란드·스웨덴의 상호관계에서도 마찬가지다. 결국 노르웨이 노동당(여당)은 1992년 당 대회에서 가입을 결의해(182 대 106. 다만 여론은 반대 55퍼센트, 찬성 35퍼센트), 정부는 같은 해 11월 25일 정식으로 EC 가입을 신청했다. 이것을 받아 스웨덴·노르웨이 및 핀란드는 협력하여 EC 가입 교섭을 행하기로 합의했다.(결국 노르웨이는 EU에 가입하지 않은 상태이고 스웨덴과 핀란드는 1995년 EU에 가입했다.—옮긴이)

한편 덴마크도 막다른 골목에 몰려 있었는데, 1992년 12월 11~12일 EC 수뇌회의(에든버러)에서 공통 통화 및 공통 안전보장정책에 대한 참가 면제를 끌어냈고, 1993년 봄 두 번째 국민투표에서 사태를 타개하려 하고 있다. 이것에 힘입어 여론조사는 다수가 지지를 보이고 있다. 참고로 말하자면, 1993년 전반은 얄궂게도 덴마크가 EC 의장국이었고, 더구나 이민 문제에 대한 부당한 조치 때문에 슐뤼테르 수상이 사임하는 사태가 일어났다.

아무튼 EC의 작은 나라 덴마크는 브뤼셀 EC 관료들에게 덴마크 쇼크를 보내어, 유럽연합에 반성과 교훈을 보이는 역사적 의의를 주었다. EC 가입 및 마스트리히트 문제는 노르웨이·핀란드·스웨덴·덴마크 모두 국민투표를 기다리는 상황으로 옮겨갔고, 정부는 부지런히 이 문제를 알리는 대책에 골몰했다.

그런데 EC와 EFTA(유럽 자유무역 연합, 노르웨이·핀란드·스웨덴·아이슬란드·스위스·오스트리아·리히텐슈타인)는 1992년 5월 2일 EEA(유럽 경제 영역)에 조인했다. 이에 따라 1993년 1월부터 EC 시장 통합과 적절한 시기를 맞추려 했지만, 1993년 1월 1일에 발족하는 것은 좌절되었다. 덴마크·영국의 마스트리히트 비준 확정을 기다려야 했기 때문이다. 더구나 EFTA 내부에서는 뜻이 다 통일되어 있지 않아서, 스위스는 1992년 12월 6일 국민투표에서 EEA 가입을 거부하기에 이르렀다. 또한 아이슬란드는 EC 가입에는 부정적이었다. 어쨌든 최종적으로 EFTA는 소멸될 것이다. 마찬가지로 EEA도 발전적으로 사라질 것이다. 그러나 그때까지 여전히 곡절이 이어질 것이다.

북유럽의 미래

한편 북유럽은 경제·복지에서도 커다란 전환점을 맞이하고 있다. 우선 북유럽 각국의 심각한 경제위기다. 특히 핀란드 경제는 전쟁 뒤 최악의 상태를 보이고 있다. 노동 비용 상승에 따른 국제 경쟁력 저하도 있지만, 직접적으로는 구소련 시장 상실에 따른 과도기의 타격에 직면한 것이다. 이 때문에 성장률은 제로와 마이너스가 이어지고 있고, 국제수지도 4년 연속 적자이며, 실업률은 10퍼센트를 넘었다.

노르웨이도 거액의 환경 관련 지출 등 1980년대 적극 재정의 여파로 재정 적자와 경제 난관에 빠져 있다. 물론 노르웨이는 결국 북해 석유가 모든 문제를 해결해줄 것이다. 노르웨이 경제는 장기적인 석유 생산과, 석유에만 의존하지 않는 산업 구조 재편 및 재정 운영을 통해 해결될 것이다. 그러나 1퍼센트대의 저성장 경제는 변함없고, 실업률도 8퍼센트를 넘었다.

덴마크는 상대적으로 양호하지만, 1퍼센트대 감속 경제라는 점은 마찬가지이고 또한 거액의 대외 부채를 안고 있으며 실업률도 10퍼센트 전후다. 아이슬란드도 몇 년간 불황에 시달려 국제수지·GNP 둘 다 마이너스가 이어지고 있다.

스웨덴도 GNP·경상수지 둘 다 마이너스 성장을 기록하고 있다. 이제까지 서술한 것을 전체적으로 보면 1991년 북유럽 평균 성장률은 마이너스 0.2퍼센트, OECD 평균은 1.1퍼센트였다.(1990년은 0.8퍼센트, OECD 2.7퍼센트, 1992년은 0.95퍼센트, OECD 2퍼센트 예측.)

1992년 가을에는 독일 마르크화를 둘러싼 유럽 통화 위기에 휘말

려버렸다. 특히 핀란드는 ECU(유럽 통화 단위)의 연동連動 중지로 마르크 30퍼센트 절하에 내몰렸고, 또한 스웨덴도 한때 정책 금리 500퍼센트 인상이라는 허구의 비율로 극적인 통화 방위 자세를 보여야 했다. 결국은 통화 배후에 있는 펀더멘털(주요 거시 경제 지표)에 대한 불신이다. 스웨덴은 복지의 성역에 칼을 휘두르지 않고 거대한 재정 적자를 떠안고 있었는데, 세제 개혁과 함께 1992년에 보수중도 정권과 사민당 사이에서 복지 예산을 재고하고, 절하 및 증세를 중심으로 한 경제 위기 극복 포괄 대책에 일부 합의가 이루어졌다.

이러한 사정 아래에서 저 유명한 복지도 결국은 경제성장이 있어야 가능하다는 단순한 원리 앞에, 이를 재고해야 한다는 압박을 받고 있는 상황이다. 더구나 복지 재검토는 경제 면에서뿐만 아니라, 과잉 복지 그 자체에 대한 반성을 포함해서 논의되고 있다는 점에 복지국가의 심각한 문제가 있다.

그것은 이제까지 오로지 복지 정책을 확대하는 노선만을 달려온 사민당의 퇴조로 나타났고, 높은 부담(북유럽 국민 부담률은 OECD 여러 국가 중 늘 최상위 수준이고, 그중에서도 스웨덴은 톱을 달려 75퍼센트, 1991년)에 반대하는 항의 정당이 진출하면서 여기에 더욱 박차를 가하고 있다. 스웨덴, 노르웨이, 덴마크 모두 진보당·신민주주의당 등이 대두되는 것은 그런 경향을 보여주고 있다. 1991년 스웨덴 사민당의 패배와 보수당 정권 복귀는 그 구체적인 결과다. 이 경향은 덴마크, 핀란드, 노르웨이도 마찬가지다.(최근 다시 사민당 복귀의 조짐도 보인다.) 이에 대해 해외의 목소리(외국 언론)는 '해도海圖 없는 오래된 모델 국가의 혼미'라 쓰고, '복지는 북유럽의 사가(전설)였다'라고 논했다. 참고로 말하자면, 북유럽 각국의 GDP에서 차지하는 복지 지출 비율은 늘 25~35퍼센트다.

확실히 복지국가는 지금 단기적으로 흔들리고 있다. 그러나 거의 전 국민이 지지하고 있는 복지국가의 대폭 후퇴는 있을 수 없고, 그들은 머지않아 슬기롭게 경제위기를 극복한 뒤 새로운 복지국가에 다시 도전할 것이라고 나는 생각한다. 그리고 다시 새로운 모델 국가를 우리에게 보여줄 것이다. 그것이 앞으로도 북유럽에 걸고 있는 우리의 기대이고 희망이다.

북유럽사
주요 사건 연표

Ⓓ 덴마크 | Ⓕ 핀란드 | Ⓘ 아이슬란드 | Ⓝ 노르웨이 | Ⓢ 스웨덴

8세기 이전	고대 족왕族王 시대
793	린디스판의 습격Ⓝ 바이킹 시대ⓈⓃⒹ 시작되다
830경	안스카르, 비르가에서 포교활동Ⓢ 900년경 노르웨이 통일Ⓝ 아이슬란드 발견Ⓝ
874	아이슬란드 식민 시작되다Ⓘ
930	아이슬란드 민회 발족Ⓘ
985	그린란드 식민 시작되다Ⓘ
1000	알팅그(아이슬란드 의회), 기독교를 인정하다Ⓘ 레이프 에이릭손, 북미 대륙 발견Ⓘ
1019~1035	크누트 대왕, 덴마크·영국을 지배Ⓓ
1030	스티클레스타드 전투, 올라프 성왕聖王 사망Ⓝ
1150	핀란드에 십자군Ⓢ
1157~1182	발데마르 대왕Ⓓ
1158경	헨리코 주교 순교Ⓕ
1160경	에리크 성왕 사망Ⓢ
1202~1241	승리왕 발데마르Ⓓ
1219	에스토니아 정복Ⓓ
1262	노르웨이의 종주권에 복종하다Ⓘ
1293	비푸리에 요새를 쌓다ⓈⒻ
1319	노르웨이·스웨덴 동군同君 연합ⓃⓈ
1323	실리셀부르크 조약(뇌테보리, 페키네사리)Ⓕ
1340~1375	부흥왕 발데마르Ⓓ
1349~1350	흑사병이 맹위를 떨치다ⒹⓃⓈ
1350	망누스 에릭손 지방법 제정Ⓢ
1361	부흥왕 발데마르, 비스비 공격Ⓓ
1389	팔초핑 전투Ⓢ
1397	칼마르 동맹 성립ⒹⓃⓈ
1434	엥엘브렉트 반란Ⓢ
1435	최초의 의회Ⓢ
1450	노르웨이·덴마크 연합ⓃⒹ
1471	브룬케베리 전투ⓈⒹ
1477	웁살라대학 설립Ⓢ
1479	코펜하겐대학 설립Ⓓ
1520	스톡홀름 피바다ⓈⒹ

1523	구스타브 바사, 스웨덴 국왕이 되고, 덴마크로부터 분리·독립Ⓢ
1537	노르웨이, 덴마크의 한 주州가 되다Ⓝ
1541	스웨덴어 성경 출판Ⓢ 아이슬란드, 루터파 교회 확립Ⓘ
1548	아그리콜라의 핀란드어 성경 출판Ⓕ
1550	최후의 가톨릭 주교 처형Ⓘ
1554~1557	아그리콜라, 투르쿠 대주교가 되다Ⓕ
1563	북유럽 7년 전쟁ⓈⒹ
1588~1648	크리스티안 4세Ⓓ
1599~1611	칼 9세Ⓢ
1600	린셰핑의 피바다Ⓢ
1602	덴마크, 아이슬란드 무역 독점권 확립ⒹⒾ
1611~1632	구스타브 2세 아돌프, 30년 전쟁에 참가Ⓢ
1616	동인도회사, 인도 트랑케바르에 식민지 취득Ⓓ
1617	스톨보바 평화 협정Ⓢ
1629	알트마르크 평화 협정Ⓢ
1632	뤼센 전투, 구스타브 2세 아돌프 사망Ⓢ
1632~1654	크리스티나 여왕Ⓢ
1638	북아메리카 대륙 델라웨어 하구에 식민지 취득Ⓢ
1640	투르쿠에 아카데미 설립Ⓕ
1643~1645	대 스웨덴 전쟁Ⓓ 브룀쇠브루 평화 조약ⒹⓈ
1648~1670	프레데리크 3세Ⓓ
1654~1660	칼 10세 구스타브Ⓢ
1656	러시아군 잉에르만란드·칼레리아에 침입Ⓕ
1657	대 스웨덴 전쟁Ⓓ 얼음이 언 해협 건너기 작전Ⓢ
1658	로스킬레 평화 조약Ⓓ
1660	코펜하겐에서 국민의회의 동의를 얻어, 절대왕정 확립Ⓓ
1668	중앙은행 설립, 룬드대학 설립Ⓢ
1670~1699	크리스티안 5세Ⓓ
1675~1679	스코네 전쟁ⒹⓈ
1676	룬드 전투ⒹⓈ
1697~1718	칼 12세Ⓢ
1700	대 스웨덴 전쟁Ⓓ 나르바 전투Ⓢ
1707~1709	천연두로 인구의 3분의 1 사망Ⓘ
1709	대 스웨덴 전쟁 일어나다Ⓓ 폴타바 전투Ⓢ
1710	비푸리 요새 함락Ⓕ 헬싱보리 전투Ⓢ
1714	칼 12세, 터키에서 귀국Ⓢ
1714~1721	'커다란 신의 분노' 시대Ⓕ
1718	칼 12세, 노르웨이와의 전투 중 사망Ⓢ

1718~1720	울리카 엘레오노라Ⓢ
1719~1720	통치법 성립Ⓢ
1721	뉘스타드 조약(우시카우풍키)Ⓢ 한스 에게데, 그린란드 포교Ⓓ
1738~1765	하타르 당 정권을 잡다Ⓢ
1741~1743	러시아와 전쟁Ⓢ
1765~1769	뫼소르 당 정권 장악Ⓢ
1766~1808	크리스티안 7세Ⓓ
1769	러시아와 동맹, 스웨덴과 대결Ⓓ
1770~1772	슈트루엔제의 등장과 죽음Ⓓ
1772	구스타브 3세 쿠데타Ⓢ 통치법Ⓢ
1788	스웨덴과의 전쟁Ⓓ
1788~1790	러시아를 공격Ⓢ
1792	구스타브 3세 암살Ⓢ
1792~1809	구스타브 4세Ⓢ
1807	영국, 덴마크 함대를 나포Ⓓ
1808	러시아의 침입Ⓕ 러시아·프랑스·덴마크와의 전쟁Ⓢ
1808~1839	프레데리크 6세Ⓓ
1809	프레드릭스함 협정, 핀란드를 잃다Ⓢ 포르보 의회Ⓕ
1809~1818	칼 13세Ⓢ
1810	베르나도트, 황태자로서 스웨덴에 들어오다Ⓢ
1811	크리스티아니아(오슬로)에 대학 설립Ⓝ
1812	러시아와 동맹Ⓢ 헬싱키, 수도가 되다Ⓕ
1814	킬 조약Ⓓ 노르웨이를 잃다Ⓓ 에이드스볼 헌법, 스웨덴과의 연합 받아들임Ⓝ
1818~1844	칼 14세 요한Ⓢ
1825	최초의 북아메리카 이민 출발Ⓓ
1830	스웨덴 최초의 신문 발간Ⓢ
1832	요타 운하 개통Ⓢ
1839~1848	크리스티안 8세Ⓓ
1842	최초의 학교령學校令Ⓢ
1844~1859	오스카르 1세Ⓢ
1846	길드제 폐지Ⓢ
1848~1850	제1차 슐레스비히 전쟁Ⓓ
1849	자유헌법 성립Ⓓ 『칼레발라』 출판Ⓕ
1855	철도 건설 시작하다Ⓢ
1856	사이마 운하 개통Ⓕ
1859~1872	칼 15세Ⓢ
1863~1906	크리스티안 9세Ⓓ
1864	제2차 슐레스비히 전쟁Ⓓ

1866	이원제二院制 성립Ⓢ
1871	의회 매년 개최하게 되다Ⓝ
1872~1907	오스카르 2세Ⓢ
1901	노벨상 시작되다ⓈⓃ
1904	보브리코프 암살Ⓕ 자치권 취득Ⓘ
1905	스웨덴과의 연합 해소Ⓝ
1905~1957	호콘 7세Ⓝ
1906~1912	프레데리크 8세Ⓓ
1906	여성 참정권Ⓕ
1907	여성 참정권Ⓝ
1907~1950	구스타브 5세Ⓢ
1911	아이슬란드대학 설립Ⓘ
1912~1947	크리스티안 10세Ⓓ
1913	일반연금법 제정Ⓢ
1914	마르메에서 삼국 국왕 회의Ⓢ
1915	여성 참정권Ⓓ
1917	핀란드 독립Ⓕ
1918	내전(1~5월)Ⓕ
1919	공화국 헌법 성립Ⓕ
1920	도르파트 평화 조약Ⓕ 북 슐레스비히, 덴마크에 병합Ⓓ
1921	네덜란드 제도, 핀란드에 귀속 확정ⓈⒻ 여성 참정권Ⓢ
1929~1932	라푸아 운동Ⓕ
1933	그린란드 동부, 덴마크에 귀속 확정ⒹⓃ 크비슬링 국가사회당 설립Ⓝ
1935	니골스보르 노동당 정권 성립Ⓝ
1936	한손 사회당 정권 성립Ⓢ 살트헤바덴 협약Ⓢ
1939	거국 연립 정권Ⓢ 독일과 불가침 조약Ⓓ
1939~1940	겨울 전쟁Ⓕ
1940	독일군 덴마크·노르웨이 점령ⒹⓃ
1941	독일 사단 운송에 의한 중립 위반Ⓢ 미국, 그린란드 방위 결정Ⓓ
1941~1944	제2차 핀란드·소련 전쟁Ⓕ
1942	레지스탕스 운동 격화Ⓝ
1944	아이슬란드 독립Ⓘ
1945	덴마크, 노르웨이 해방ⒹⓃ
1946	소련군 보른홀름 섬에서 철수Ⓓ
1946~1956	파시키비 대통령Ⓕ
1947	파리 평화 조약Ⓕ
1947~1972	프레데리크 9세Ⓓ
1948	소련·핀란드 우호협력 상호원조 조약Ⓕ

1949	덴마크·노르웨이·아이슬란드 NATO 가입Ⓝ Ⓓ Ⓘ
1950~1973	구스타브 6세 아돌프Ⓢ
1950~1991	올라프 5세Ⓝ
1951	미국, 그린란드 방위협정Ⓓ 아이슬란드·미국 방위협정Ⓘ
1952	북유럽 이사회 발족Ⓢ Ⓝ Ⓓ Ⓘ
1953	헌법 개정Ⓓ
1955	핀란드 북유럽 이사회 가입Ⓕ 소련 폴카라 기지 반환Ⓕ
1956	케코넨 대통령Ⓕ
1958	대 영국 '대구 전쟁' 시작되다Ⓕ 겨울밤 사건Ⓕ
1959	EFTA 조약 조인Ⓢ Ⓝ Ⓘ
1960	U2형 미국 스파이 비행기 격추 사건에 대해 미국에 항의Ⓝ
1961	EFTA 조약 준가맹Ⓕ 소련 대 핀란드 군사협정 요청Ⓕ
1962	북유럽 협력 협정 성립Ⓢ Ⓕ Ⓓ Ⓝ Ⓘ
1963	북해 석유개발 시작되다Ⓝ 케코넨 북유럽 비핵지대 구상 제창Ⓕ
1964	국제연합 대기군待機軍 발족Ⓢ Ⓓ Ⓝ Ⓕ
1970	아이슬란드 EFTA 가입Ⓘ EC와 자유무역 협정Ⓘ 북유럽 경제협력 구상NORDEK 핀란드 불참으로 불발Ⓕ
1972	노르웨이 국민투표로 EC 가입 부결Ⓝ 마르그레테 2세Ⓓ 북해 원유 개발 시작Ⓓ 덴마크 국민투표로 EC 가입 결정Ⓓ
1973	칼 16세 구스타브Ⓢ 덴마크 EC 가입Ⓓ 확대 EC와 자유무역 협정Ⓕ 코메콘(공산권 경제 상호원조회의)과 경제협력 협정Ⓕ
1975	새 통치법Ⓢ 전유럽 안보 수뇌회의Ⓕ 어업 수역 200해리 확대Ⓘ
1976	'대구 전쟁' 종결Ⓘ
1979	새 왕위 계승법(여계女系 승인)Ⓢ 그린란드 완전자치권 취득Ⓓ
1980	원자력발전 국민투표로 폐기 결정Ⓢ 핀보가도티르 대통령Ⓘ
1981	소련 원자력잠수함 좌초 사건Ⓢ
1985	그린란드 EC 이탈, EC 해외 영토 지방행정구역으로Ⓓ
1991	EC 가입 신청Ⓢ 하랄 5세Ⓝ
1992	구 소련과의 우호협력 상호원조 조약 무효화 확인Ⓕ EC, EFTA의 EEA 조인Ⓕ Ⓢ Ⓝ Ⓘ EC 가입 신청Ⓕ EC 가입 신청Ⓝ 마스트리히트 유럽 연합 조약을 국민투표로 부결Ⓓ

참고문헌

북유럽사 내지 북유럽 각국사를 더 자세히 알고 싶어하는 분을 위해, 주로 비교적 입수 가능한 영어판 서적을 부기한다. 그 이상 전문적으로 학습하고 싶은 분은 이들 책 각각의 권말에 언급된 영어·독일어·불어 문헌을 참고하셨으면 한다. 그러나 본격적으로 북유럽사를 연구하려면 당연히 북유럽어를 읽을 수 있어야 한다. 참고삼아 대표적인 북유럽어 역사서도 들어둔다.

말할 필요도 없겠지만, 통사를 충분히 이해하기 위해서는 일반적인 역사서만으로는 불충분하다. 역사의 각 시기·분야, 주요한 인물에 대한 여러 책을 훑어보아야 한다. 그러나 여기서 그것들을 소개할 필요는 없다고 생각하므로 생략한다. 그것들을 읽으려 하시는 독자는 이미 북유럽어를 충분히 읽을 수 있을 터이니, 스스로 문헌을 검색할 수 있을 것이기 때문이다. 그리고 최종적으로는 북유럽에서 간행되고 있는 백과사전도 상비할 필요가 있겠다.

덴마크

H. Seidelin Jacobsen, *An Outline History of Denmark*, Copenhagen, Høst&Søn, 1990(간결한 입문서)

Palle Lauring, *A History of Denmark*, Copenhagen, Høst&Søn, 1960

Stewart Oakley, *The Story of Denmark*, London, Faber and Faber, 1972

Søren Mørch, *Danmarks Historie*, Copenhagen, Gyldendal, 1977(20권 전후로 완결 예정. 1992년에 10권째)

J. Danstrup, H. Koch, *Danmarks Historie* Vol. 1-14, Copenhagen, Politikens Forlag, 1978

Olaf Olsen, *Danmarks Historie* Vol. 1-15, Copenhagen, Gyldendal og Politiken, 1991

노르웨이

Jhon Midgaard, *A Brief History of Norway*, Oslo, J. G. Tanum Forlag, 1963

Andreas Holmsen, *Norges Historie* Bol. 1-4, Oslo, Oslo Universitets Forlaget, 1965(포켓판)

A. Goldvin, T. Dahl, J. Schreiner, *Vårt Folk Historie* Vol. 1-8, H. A. Schehoug and Co., 1961

Perge Furre, *Norske Historie 1905-1990*, Oslo, Det Norske Samlaget, 1992

스웨덴

Stewart Oakley, *The Story of Sweden*, London, Faber and Faber, 1966

Sten Carlsson, Jerker Rosén, *Svensk Historia* Vol. 1-2, Stockholm, Svenska Bokförlaget, 1970

Alf Åberg, *Sveriges Historia*, Stockholm, Lt's Förlag, 1985(포켓판)

Den Svenska Historien Vol. 1-8, Acbert Bonniers Förlaget, 1966
Ingvar Andrsson, *A History of Sweden*, New York, Praeger Publishers, 1956
C. Grimberg, E. Söderlund, *Sveriges Historia*, Stockholm, Norstedts, 1951
August Strindberg, *Svenska Folket*, Stockholm, C. E. Fritze's, 1882(1991년에 복간됨. 풍속문화사도 포함된 것)

핀란드

John H. Wuorinen, *A History of Finland*, New York, Columbia Univ., 1965
E. Jutikkala, K. Pirinen, *A History of Finland*, London, Heineman, 1962(최근 개정증보판 나옴)
Matti Klinge, *A Brief History of Finland*, Helsinki, Otava, 1992(신서新書 판)
Y. Blomstedt, *Suomen Historia* Vol. 1-8, Helsinki, Wellin Göös, 1988

아이슬란드

J. C. Griffiths, *Modern Iceland*, London, Pall Mall Press, 1969
Alf Henrikson, *Islandsk Historia*, Trondheim, Bonniers, 1981

북유럽 전사全史

T. K. Derry, *A History of Scandinavia*, Minnesota Univ., George Allen & Unwin, 1979
Peter Iisøe, J. Lomholst-Thomsen, *Nordens Historie* Vol. 1-2, Copenhagen, Gyldendal, 1969(11판이 나옴)

찾아보기(인명)

ㄱ

ㄴ

ㄷ

ㄹ

ㅇ

ㅈ

ㅊ

ㅋ

ㅌ

ㅍ

ㅎ

이야기 북유럽 역사—전쟁, 권력, 종교, 사회

초판인쇄 2022년 7월 11일
초판발행 2022년 7월 18일

지은이 다케다 다쓰오
옮긴이 조영렬
펴낸이 강성민
편집장 이은혜
기획 노만수
제작 강신은 김동욱 임현식
마케팅 정민호 이숙재 김도윤 한민아 정진아 우상욱 정유선
브랜딩 함유지 함근아 김희숙 안나연 박민재 박진희 정승민

펴낸곳 (주)글항아리 | 출판등록 2009년 1월 19일 제406-2009-000002호

주소 10881 경기도 파주시 회동길 210
전자우편 bookpot@hanmail.net
전화번호 031-955-2696(마케팅) 031-955-2560(편집부)
팩스 031-955-2557

ISBN 979-11-6909-000-1 03920

잘못된 책은 구입하신 서점에서 교환해드립니다.
기타 교환 문의 031-955-2661, 3580

www.geulhangari.com